もくじ

小学生のまんが
ことわざ辞典

金田一春彦 監修

Gakken

はじめに

『ことわざ』は、長《なが》い間《あいだ》の人間《にんげん》の生活《せいかつ》から生《う》まれた知恵《ちえ》です。人《ひと》がくらしていく上《うえ》での教《おし》えや、人の喜《よろこ》びや悲《かな》しみ、ときにおろかさといったものが短《みじか》いことばの中《なか》に表現《ひょうげん》されていて、わたしたちのくらしを豊《ゆた》かにしてくれます。

これと似《に》たものに慣用句《かんようく》があります。慣用句はわたしたちの生活の中で一番多《いちばんおお》く使《つか》われています。

慣用句には、次《つぎ》のようにいろいろな種類《しゅるい》があります。

*体《からだ》に関係《かんけい》するもの・体の一部《いちぶ》が付《つ》くことば　例《れい》「頭《あたま》をひねる」「小耳《こみみ》にはさむ」など。

*自然《しぜん》の様子《ようす》を表《あらわ》したり、自然に関係することば　例「流《なが》れにさお差《さ》す」「火《ひ》を見《み》るよりあきらか」など。

*生《い》き物《もの》の名前《なまえ》が付くことば　例「猫《ねこ》に小判《こばん》」「ふくろのねずみ」「くさっても鯛《たい》」など。

*気持《きも》ちや心《こころ》に関係することば　例「気《き》が置《お》けない」「気をつかう」「気がもめる」など。

いずれもみな、どこかで聞《き》いたようなことばですね。

金田一先生《きんだいちせんせい》は、日本語《にほんご》の中には、この「気」ということばが付くものが多い、これは日本人《じん》の心のこまやかさをよく表している、という話《はなし》をよくしておられました。

こうしたことばを知《し》っていれば、そのことば一《ひと》つで様々《さまざま》な気持ちを表現することができます。気持ちや会話《かいわ》を豊かにしてくれることわざ・慣用句の数々《かずかず》。ぜひ、たくさん覚《おぼ》えて楽《たの》しく使ってみましょう。

金田一春彦事務所　井上明美

＊金田一春彦先生がこの本の刊行の前におなくなりになったため、秘書の井上明美さんにお書きいただきました。

ことわざや慣用句《かんようく》って何《なに》？

●ことわざ――生活《せいかつ》の知恵《ちえ》や教訓《きょうくん》を表《あらわ》すことば

昔《むかし》から人々《ひとびと》に言《い》いつたえられてきたことばで、生活の知恵や教訓を短《みじか》いことばで表したものを「ことわざ」といいます。「ことわざ」には、世《よ》の中《なか》の真理《しんり》を表したものや皮肉《ひにく》がこめられているものもあり、比喩《ひゆ》（ものごとをじかに表現《ひょうげん》せず、別《べつ》なものにたとえること）を使《つか》ったものが多《おお》くあります。

●慣用句――ある決《き》まったことばで、決まった意味《いみ》を表すことば

「慣用句」は、二《ふた》つ以上《いじょう》のことばをひと続《つづ》きに使うことで、ある特定《とくてい》の意味を表すことばです。ことばそのものの意味ではなく、それとは別の、特別《とくべつ》な意味を表しています。生活の知恵や教訓をふくまない点《てん》が、ことわざとは異《こと》なります。

●故事成語《こじせいご》――中国《ちゅうごく》の古《ふる》い話《はなし》からできたことば

「故事成語」は、主《おも》に中国の古い物語《ものがたり》などをもとにした、いわれのあることばのことです。中国のできごとや本《ほん》に記《しる》されているもののほかに、日本《にっぽん》の話からできたものもあります。

●四字熟語《よじじゅくご》――漢字《かんじ》四字で表すことば

「四字熟語」は、漢字四字で、ある決まった意味を表すことばのことをいいます。故事成語にふくまれるもののほかに、漢字四字を組《く》み合《あ》わせたり、二字《にじ》の熟語を組み合わせたりして、後《のち》につくられたものもあります。

ことわざって何《なに》？

たくさんつかまえてちょうだいおじょうちゃん
まかせていっぱいとるわよ!!
あ〜ん失敗《しっぱい》しちゃった
※1二兎《にと》を追《お》う者《もの》は一兎《いっと》をも得《え》ずだね
な〜にそれ？
ことわざというものさ
ことわざは昔《むかし》から使《つか》われてきた生活《せいかつ》の知恵《ちえ》や教訓《きょうくん》がつまったことばだよ
じゃあ今度《こんど》はパパがやろう昔は名人《めいじん》といわれたんだ
あ
※2さるも木《き》から落《お》ちるだね

※1→21ページ参照／※２→118ページ参照

慣用句《かんようく》って何《なに》？

……
……
お母《かあ》さんなんかお菓子《かし》ないの？
話《はなし》の腰《こし》を※1折《お》るんじゃないよ
話に腰なんかあるの？
?
これは慣用句といってそのことばの意味《いみ》とはちがう別《べつ》な意味をもつ言《い》いまわしのことだよ
ふ〜ん
そんなことより勉強《べんきょう》はもう終《お》わったのかしら
ドキ
ハハハ
ホホホ
勉強勉強って耳《みみ》にたこが※2できるよ

※1→話のとちゅうでじゃまをし、話しにくくすること／※2→252ページ参照

故事成語《こじせいご》ってどんなもの？

あの人部長《ひとぶちょう》になったんですって
ああ同期《どうき》では一番《いちばん》のりさ
まるで鯉《こい》の滝登《たきのぼ》りね
鯉が滝登りするの
これはね昔《むかし》 中国《ちゅうごく》で黄河上流《こうがじょうりゅう》の急流《きゅうりゅう》を泳《およ》ぎきった鯉は竜《りゅう》になるといわれたことからきたことばだよ
竜?
中国では竜は天子《てんし》や英雄《えいゆう》などにたとえられたのよ
竜
こういうことばを故事成語っていうんだ
勉強《べんきょう》してみるかい?

四字熟語《よじじゅくご》って？

故事成語《こじせいご》っておもしろいね
その中《なか》に漢字《かんじ》四《よっ》つでつくる四字熟語もふくまれるよ
四字熟語
※1以心伝心《いしんでんしん》 ※2一朝一夕《いっちょういっせき》 ※3自画自賛《じがじさん》といった漢字四字または二字熟語《にじ》を組《く》み合《あ》わせたものさ
後《のち》につくられた故事成語にふくまれないものもあるわよ
よーし四字熟語を全部《ぜんぶ》マスターするぞ
それは※4大言壮語《たいげんそうご》だな
ハハハ
ジュジュ～

※１→34ページ／※２→45ページ／※３→123ページ／※４→148ページ参照

本書《ほんしょ》の使《つか》い方《かた》

この辞典《じてん》では、ことわざ、慣用句《かんようく》、故事成語《こじせいご》、四字熟語《よじじゅくご》を、あいうえお順《じゅん》に取《と》りあげています。

記号《きごう》の見方《みかた》

- ことわざ —ことわざ
- 慣用句 —慣用句
- 故事成語 —中国《ちゅうごく》の昔《むかし》の話《はなし》や詩《し》がもとになったことば
- 四字熟語 —四《よっ》つの漢字《かんじ》から成《な》り立《た》っていることば
- ? 意味《いみ》 —ことばの意味を解説《かいせつ》しています
- 使《つか》い方《かた》 —ことばを使った例文《れいぶん》
- 参考《さんこう》 —ことばのおこりなど
- 同 —同《おな》じ意味のことばで言《い》いまわしがちがうもの
- 類 —似《に》た意味のことば
- 反対の意味 —反対《はんたい》の意味のことば
- ! 気をつけよう —読《よ》み方や意味に気《き》をつけることば

慣用句

開《あ》いた口《くち》がふさがらない

意味《いみ》 相手《あいて》の言《い》うことやすることが、あまりにひどくてあきれてものも言えないようす。

使《つか》い方《かた》 牛乳《ぎゅうにゅう》を五本《ごほん》も一気《いっき》飲《の》みするなんて、開いた口がふさがらないよ。

類 **呆《あき》れが礼《れい》に来《く》る**

「口」のつく慣用句《かんようく》

口裏《くちうら》を合《あ》わせる／ほかの人《ひと》に聞《き》かれたとき、二人《ふたり》の話《はなし》が食《く》いちがわないように、前《まえ》もって話のすじを相談《そうだん》しておく。

（口のつくことわざ、慣用句は二八六ページも参照《さんしょう》）

慣用句

相《あい》づちを打《う》つ

学級討論会
地球《ちきゅう》かんきょうを守《まも》ることが大切《たいせつ》だと思《おも》います
うんうん まったく その通《とお》り
暮《く》らしがもっと便利《べんり》になればいいと思います
フムフム そうそう
相づちを打ってばかり！自分《じぶん》の意見《いけん》はないの!!
わ
わ

意味《いみ》 相手《あいて》の話《はなし》を聞《き》くとき、調子《ちょうし》を合《あ》わせたり、うなずいたりする。

使《つか》い方《かた》 「なるほど、そうね」と相づちを打ちながら話に聞き入《い》った。

参考《さんこう》 もともと、鍛冶《かじ》の職人《しょくにん》が刀《かたな》などをきたえるとき、師《し》のつちに合わせて、相《あい》方《かた》の弟子《でし》が呼吸《こきゅう》よく打つつちを「相づち」といったことから。相づちのよしあしで、刀の出来《でき》のよしあしも決《き》まったとされる。

慣用句

阿吽《あうん》の呼吸《こきゅう》

あ

わわわ！
あぶない
もちつきはわたしたちにまかせなさい
ホイサ!!
ハイサ!!
さすがだね
ハイサ
ペタン
阿吽の呼吸ってこのことね

意味《いみ》 二人《ふたり》でいっしょにものごとをするときの、びみょうな調子《ちょうし》や気持《きも》ちがぴったり合《あ》うこと。

使《つか》い方《かた》 運動会《うんどうかい》のリレーで、親友《しんゆう》のはなこさんとみどりさんは、阿吽の呼吸でバトンわたしを上手《じょうず》にやり、優勝《ゆうしょう》した。

参考《さんこう》 「阿吽」は、「阿」がはく息《いき》のこと、「吽」がすう息のことをさす。もともとは古代《こだい》インド語《ご》からきたもの。お寺《てら》の山門《さんもん》の仁王《におう》や、神社《じんじゃ》の狛犬《こまいぬ》など、口《くち》を開《あ》いた像《ぞう》と閉《と》じた像が一対《いっつい》になっているのは、「阿吽」をあらわしている。

慣用句

青菜《あおな》に塩《しお》

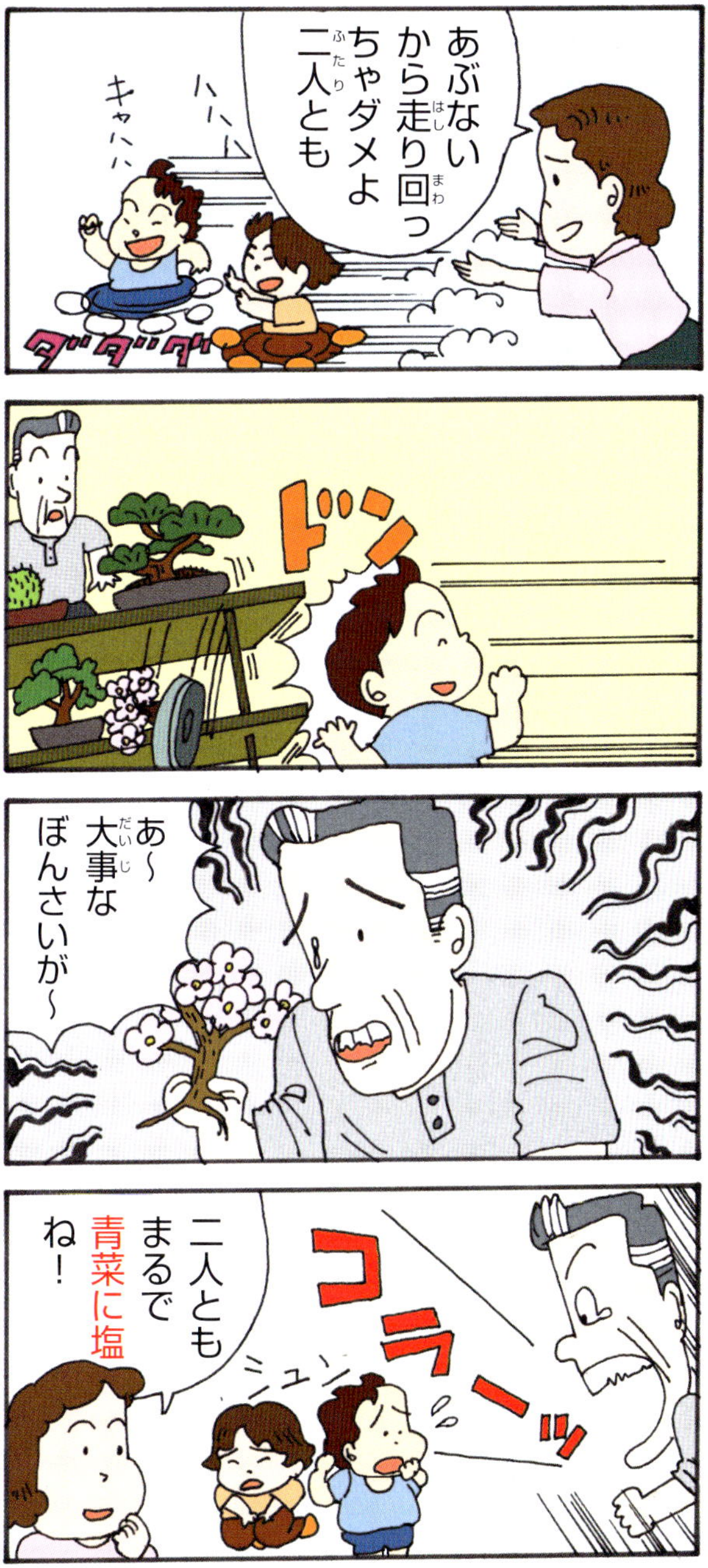
あぶないから走《はし》り回《まわ》っちゃダメよ二人《ふたり》とも
ハハハ
キャハハ
ダダダ
ドン
あ〜大事《だいじ》なぼんさいが〜
コラーッ
二人ともまるで青菜に塩ね！
シュン

意味《いみ》 それまでの元気《げんき》がなくなってしまい、しょんぼりとうなだれてしまうようすのたとえ。

使《つか》い方《かた》 長谷川君《はせがわくん》は、教室《きょうしつ》ではしゃいでいたのを先生《せんせい》に注意《ちゅうい》され、青菜に塩のようになった。

参考《さんこう》 「青菜」は、新《しん》せんななっぱのこと。なっぱなどに塩をふりかけると、しおれてしまうことから。

類 **なめくじに塩**／なめくじに塩をかけると体《からだ》が縮《ちぢ》んでしまうことから、苦手《にがて》なものに出会《であ》って、縮こまってしまうこと。

慣用句

揚《あ》げ足《あし》をとる

むかしむかしおじいさんとおばあさんが暮《く》らしていました
えほん
おばあちゃんは昔《むかし》からおばあちゃんだったの？
そんなことないわよ
ももから生《う》まれた桃《もも》太《た》郎《ろう》…
桃太郎のお母《かあ》さんはももなの？
えほん
お話《はなし》の揚げ足をとるならもう終《お》わり
しまったつっこみすぎたか
えほん

意味《いみ》 相手《あいて》のことばの言《い》いまちがいやことばじりを、わざととりあげてからかったり悪口《わるくち》を言ったりする。

使《つか》い方《かた》 彼《かれ》はいちいち話《はなし》の揚げ足ばかりとって、人《ひと》をバカにした態度《たいど》をとるので、話しにくいし、本当《ほんとう》に言いたいことが伝《つた》わらない。

参考《さんこう》 「揚げ足」は、地面《じめん》から浮《う》いた足のこと。柔道《じゅうどう》や相撲《すもう》などで、相手のあげた足を取《と》ってたおすことから、相手の失敗《しっぱい》につけこむことをさす。「揚げ足とり」という形《かたち》でも多《おお》く使《つか》われる。

ことわざ

朝起《あさお》きは三文《さんもん》の徳《とく》

意味《いみ》 朝早《はや》く起きると、たとえ少《すこ》しでも何《なに》かしらいいことがあるというたとえ。

使《つか》い方《かた》 いつもより早く起きて学校《がっこう》に行《い》ったら、大好《だいす》きな女《おんな》の子《こ》にバッタリ会《あ》った。朝起きは三文の徳だ。

参考《さんこう》 「文《もん》」は昔《むかし》のお金《かね》の最小《さいしょう》の単位《たんい》で、「三文」は、わずかなもののたとえ。「徳」は「得《とく》」と同《おな》じで、利益《りえき》の意味《いみ》。

同 **早起《はやお》きは三文の徳**

類 **早起きは三両《さんりょう》、倹約五両《けんやくごりょう》**／両はお金の単位。早起きもけんやくも大きなもうけになるということ。

慣用句

朝飯前《あさめしまえ》

あ

すごいな
全部《ぜんぶ》正解《せいかい》だ
簡単《かんたん》な問題《もんだい》ですから
きみって すごいな 天才《てんさい》だね
そんなこと ないよ あんな問題 朝飯前さ
きみんち どんな朝飯 食《た》べてんの
それって 何《なん》の意味《いみ》が あるんだ？

意味《いみ》 朝飯（＝朝食《ちょうしょく》）をとる前にできるくらい、たやすいことのたとえ。

使《つか》い方《かた》 うちの犬《いぬ》はたいへんりこうなので、「お手《て》」や「おすわり」を覚《おぼ》えるなんて朝飯前だ。

類 **お茶《ちゃ》の子《こ》さいさい**／「お茶の子」は、昔《むかし》、朝食前にする仕事《しごと》のとき食《た》べる、軽《かる》い食事《しょくじ》のこと。簡単《かんたん》に食べられ、おなかに残《のこ》らないことから、ひじょうにたやすいという意味《いみ》をあらわす。「さいさい」は、昔の歌《うた》のはやしことば。

同 **朝飯前のお茶漬《ちゃづ》け**

慣用句　足《あし》が地《ち》につかない

意味《いみ》　①こうふんして落《お》ち着《つ》きがなく、そわそわする。②しっかりしたところがなく、あぶなっかしい。

使《つか》い方《かた》　①太郎《たろう》くんは、大《おお》ぜいの人《ひと》の前《まえ》での発表会《はっぴょうかい》で、きんちょうして足が地につかないようすだった。②この同好会《どうこうかい》はつくったばかりで、方針《ほうしん》が決《き》まらず、会員《かいいん》も足が地につかない。

「足」のつく慣用句《かんようく》

足元《あしもと》にもおよばない／相手《あいて》の能力《のうりょく》がひじょうにすぐれていて、自分《じぶん》はそれに比《くら》べることもできないほど、おとっている。

ことわざ

明日《あした》は明日の風《かぜ》がふく

またチコクだなろうかで立《た》ってなさい!
ショボ〜ン
ドッバーッン
あ
給食
ガタン
ついてないや
ショボ〜ン
くよくよすんなよ明日は明日の風がふくさ
作文《さくぶん》コンクールで山田君《やまだくん》が優秀賞《ゆうしゅうしょう》です
ほらね
パチ
パチ
パチ
パチ

意味《いみ》 明日になれば、今日《きょう》とようすが変《か》わるかもしれないから、くよくよするな、ということのたとえ。

使《つか》い方《かた》 負《ま》けた今日の試合《しあい》のことはくよくよするな。明日は明日の風がふくだ。と、コーチがはげましてくれた。

参考《さんこう》 「明日」は「あす」とも読む。

「明日」のつく慣用句《かんようく》・ことわざ

明日の百《ひゃく》より今日の五十《ごじゅう》／あてにならない大《おお》きなものより、小《ちい》さくても確実《かくじつ》なものがいい。**明日《あす》は我《わ》が身《み》**／他人《たにん》の不幸《ふこう》が明日自分《じぶん》にふりかかるかもしれない。

慣用句

味《あじ》をしめる

ペチャクチャ
ペチャクチャ
コラ！
そこうるさい
先生《せんせい》！
今日《きょう》はきれいだ
ほんと
あら…
そんな…フフ
翌日《よくじつ》
コラまたあなたたち！
うるさい
ペチャクチャ
先生
今日もきれ……
あたたた
味をしめて二度《にど》も同《おな》じ手《て》を使《つか》うんじゃないの！
イテテ

？意味《いみ》 ものごとが一度《いちど》うまくいったことから、それが忘《わす》れられず、何度《なんど》でもそれをしたくなったり期待《きたい》したりすること。

使《つか》い方《かた》 小鳥《ことり》にえさをやったら、味をしめたらしく、毎日《まいにち》ぼくの家《いえ》に来《く》るようになった。

「味」のつく慣用句《かんようく》

味も素《そ》っ気《け》もない／しっとりした味わいもおもしろみもなく、つまらないようす。「素っ気」は、思いやり・しっとりしたようすなどの意味《いみ》。

味なまね／気《き》のきいたやり方《かた》。

反対の意味 **味が（の）ある**

ことわざ

頭《あたま》かくしてしりかくさず

意味《いみ》 一部分《いちぶぶん》が見《み》えているのに、全部《ぜんぶ》をかくしたつもりになっていること。

使《つか》い方《かた》 かみなりにおどろいて、頭《あたま》からおし入《い》れにかくれた弟《おとうと》は、おしりが見えていて、頭かくしてしりかくさずだ。

参考《さんこう》 きじが草《くさ》むらの中《なか》にかくれるとき、頭だけをさし入れて、尾《お》が外《そと》に出《で》ていることに気《き》がつかないということから。相手《あいて》のおろかさをばかにした言《い》い方《かた》。

「頭」のつくことわざ

頭の上《うえ》のはえを追《お》え／人《ひと》のおせっかいより、自分《じぶん》のことをきちんとやりなさいという教《おし》え。

ことわざ

当《あ》たるも八卦《はっけ》当たらぬも八卦

意味《いみ》 うらないは、当たることもあるし、はずれることもある。だからあまり気《き》にすることはないという教《おし》え。

使《つか》い方《かた》 おみくじを引《ひ》いたら大凶《だいきょう》だった。友達《ともだち》が「当たるも八卦、当たらぬも八卦。気にしても時間《じかん》のむだだよ！」とはげましてくれた。

参考《さんこう》 「八卦」とは易《えき》で、陰陽《いんよう》をあらわす算木《さんぎ》を組《く》み合《あ》わせてつくる八《やっ》つの形《かたち》。転《てん》じて、うらないのこと。

類 **合うも不思議《ふしぎ》合わぬも不思議／合うも合わぬも夢《ゆめ》**

慣用句

後《あと》は野《の》となれ山《やま》となれ

遊びに行《い》って来《き》まーす
宿題《しゅくだい》はすんだのかい？
野球《やきゅう》しようぜ!!
宿題終《お》わらないから今日《きょう》はよすよ！
ぼくもやってないけど後は野となれ山となーれだい!!
カキーン
宿題忘《わす》れた人《ひと》は立《た》ってなさい!!
やっぱりね…

意味《いみ》 今《いま》さえよければ、後はどうなってもかまわない。なるようになれ。

使《つか》い方《かた》 遊《あそ》ぶほうがおもしろいから試験《しけん》勉強《べんきょう》はやめた。えーい、後は野となれ山となれだ！

参考《さんこう》 今、栄《さか》えることができれば、後はその栄えていた町《まち》や家《いえ》が、あれ果《は》てた野となっても山になってもかまわない、ということから。

類 **旅《たび》の恥《はじ》はかきすて**／旅に出《で》ると、知《し》った人《ひと》がいないので、ふだんしないようなはずかしいことも平気《へいき》でできるという意味《いみ》。

慣用句

あぶはち取《と》らず

UFOキャッチング
あのぬいぐるみを取《と》ろう！
ガシ
おラッキー二個《にこ》まとめて取れそうだ
ヴィーン
一個にしたほうが…
ポト
あぶはち取らずだね

意味《いみ》 二《ふた》つのものを同時《どうじ》に得《え》ようとして、どちらも得られないたとえ。また、一度《いちど》に二つのことをしようとして、どちらもできないたとえ。

使《つか》い方《かた》 テレビアニメを見《み》ながら勉強《べんきょう》をしたら、話《はなし》のすじがよくわからず、勉強もはかどらなくて、あぶはち取らずに終《お》わった。

参考《さんこう》 あぶとはちを同時につかまえようとして、どちらもにがしてしまう意味《いみ》から。

類 **二兎《にと》を追《お》う者《もの》は一兎《いっと》をも得《え》ず**／一度に二つのものをねらうと、どちらも成功《せいこう》しない。「兎」はうさぎのこと。

慣用句

油《あぶら》を売《う》る

意味《いみ》 仕事や用事《ようじ》のとちゅうで、むだ話《ばなし》などで時間《じかん》つぶしをしてなまける。

使《つか》い方《かた》 お姉《ねえ》ちゃんは、お使《つか》いに行《い》ったままどこで油を売っているのだろう。まだ帰《かえ》ってこない。

参考《さんこう》 昔《むかし》、髪油売《かみあぶらう》りの商人《しょうにん》が、油をびんなどにうつすとき、油のしずくが切《き》れるのを待《ま》って、ゆっくり世間《せけん》話などをしながら商《しょう》売《ばい》をしたことから。

「油」のつく慣用句《かんようく》

油をしぼる／あやまちやまちがいなどに対《たい》して、きびしくしかってこらしめる。

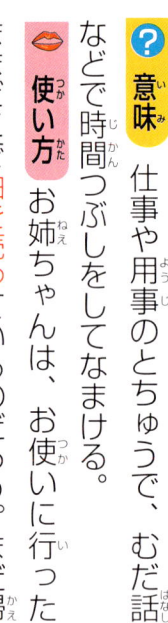

慣用句

雨《あめ》が降《ふ》ろうがやりが降ろうが

落石《らくせき》！
ゴン
ビュウウウウ
ふぶき！
もうダメだ～
死《し》ぬ～
しかしー
やったーっ
祝 初登頂成功会見
雨が降ろうがやりが降ろうががんばると決《き》めたからやりとげられたのです!!
パチパチ
パチパチ

意味《いみ》 どんな困難《こんなん》があっても、最後《さいご》まで必《かなら》ずやりとげる、という強《つよ》い気持《きも》ちをあらわすことば。

使《つか》い方《かた》 雨が降ろうがやりが降ろうが、毎日練習《まいにちれんしゅう》を続《つづ》けてレギュラーになるぞ！

参考《さんこう》 「雨が降ってもやりが降っても」「雨が降ろうとやりが降ろうと」などともいう。

「雨」のつくことわざ

雨降って地固《じかた》まる／悪《わる》いことやいやなことがあった後《あと》は、かえって前《まえ》より状態《じょうたい》がよくなることのたとえ。

慣用句

嵐《あらし》の前《まえ》の静《しず》けさ

殿《との》
すっかり敵《てき》に囲《かこ》まれました
おそらく敵の総攻撃《そうこうげき》は明日早朝《あすそうちょう》
今《いま》のうちに兵《へい》を休《やす》ませろ
ハッ
敵に囲まれているのに静かだな〜
シーーン
グオ〜〜
夜襲《やしゅう》！
ワーッ
さっきのは嵐の前の静けさだったのか

意味《いみ》 台風《たいふう》が来《く》る直前《ちょくぜん》が静かであるように、大《おお》きなできごとが起《お》こる前のぶきみなくらい静かなようすのたとえ。

使《つか》い方《かた》 決勝戦《けっしょうせん》の試合会場《しあいかいじょう》は静まりかえっている。まるで嵐の前の静けさだ。

参考《さんこう》 台風が来る前に、一時風《いちじかぜ》がおさまることから。

「嵐」のつく慣用句《かんようく》

花《はな》に嵐／さくらの花がさくと、はげしい風《かぜ》がふいて散《ち》らしてしまうことが多《おお》いということから、よいことにはじゃまが入《はい》りやすいということのたとえ。

故事成語

ありの穴《あな》から堤《つつみ》もくずれる

意味《いみ》 ほんのちょっとのゆだんなど、わずかな手《て》落《お》ちから、とんでもない失敗《しっぱい》をまねくたとえ。

使《つか》い方《かた》 ありの穴から堤もくずれるということもあるので、ふだんから火《ひ》の元《もと》や戸《と》じまりに気《き》をつけよう。

参考《さんこう》 がんじょうにつくった堤防《ていぼう》でも、ありがあけた小《ちい》さな穴がもとで、川《かわ》の水《みず》がしみこんで大《おお》きな穴となり、やがてくずれることがあるということから。

類 **千丈《せんじょう》の堤もありの一穴《いっけつ》／ありの一穴天下《てんか》の破《やぶ》れ**

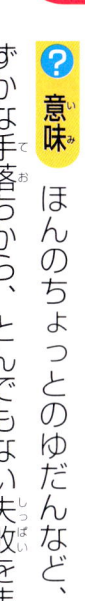

ことわざ

案《あん》ずるより産《う》むがやすい

ポロロ～ン
うまくやれるかしら あの子《こ》？
あがりちゃんならだいじょうぶよ
エントリーナンバー五番《ごばん》 あがりちゃん
パチ
パチ
パチ
ドキ
ドキ
ドキ
ポロロ～ン
な～んだ 思《おも》ったより上手《じょうず》にひけるワ
案ずるより産むがやすいってことね
パチ
パチ

意味《いみ》 ものごとは、あれこれ心配《しんぱい》するよりも、実際《じっさい》にやってみると、案外簡単《あんがいかんたん》にできるものであるということ。

使《つか》い方《かた》 スキーはむずかしそうでこわいと思《おも》ったが、案ずるより産むがやすいで、やってみたら意外《いがい》に簡単にすべることができて、楽《たの》しかった。

参考《さんこう》 「案ずる」は、あれこれ心配すること。お産《さん》（赤《あか》ちゃんを産むこと）は、心配していたより軽《かる》くすむということから。

同 思うより産むがやすい

類 案じるより団子汁《だんごじる》

四字熟語

暗中模索《あんちゅうもさく》

この密室《みっしつ》で犯人《はんにん》はどこからにげたんだ!?
まるで深《ふか》いきりで道《みち》がわからなくなったみたいたいへんだ
五里霧中《ごりむちゅう》
停電《ていでん》の中《なか》でろうそくを探《さが》すみたいに手《て》さぐりで考《かんが》えてみよう!
ゴンゴン
事件《じけん》の解決《かいけつ》には暗中模索するしかないががんばるぞ!
ポッ
めーっけた!

意味《いみ》 考《かんが》える手《て》がかりもなく、わからないなかで、いろいろやってみたり、探《さが》しもとめたりすること。

使《つか》い方《かた》 初《はじ》めての仕事《しごと》なので、暗中模索している。

参考《さんこう》 もとの意味《いみ》は、くらやみの中《なか》で、手さぐりをして物《もの》を探《さが》すといった、不確《ふたし》かな行動《こうどう》ということ。

類 **五里霧中**／霧《きり》が深《ふか》くて方角《ほうがく》がわからないように、ものごとのようすがまったくわからないため、何《なに》をどうやったらいいか、判断《はんだん》に迷《まよ》うことのたとえ。（↓一一ページ参照《さんしょう》）

故事成語 言《い》うはやすく行《おこな》うは難《かた》し

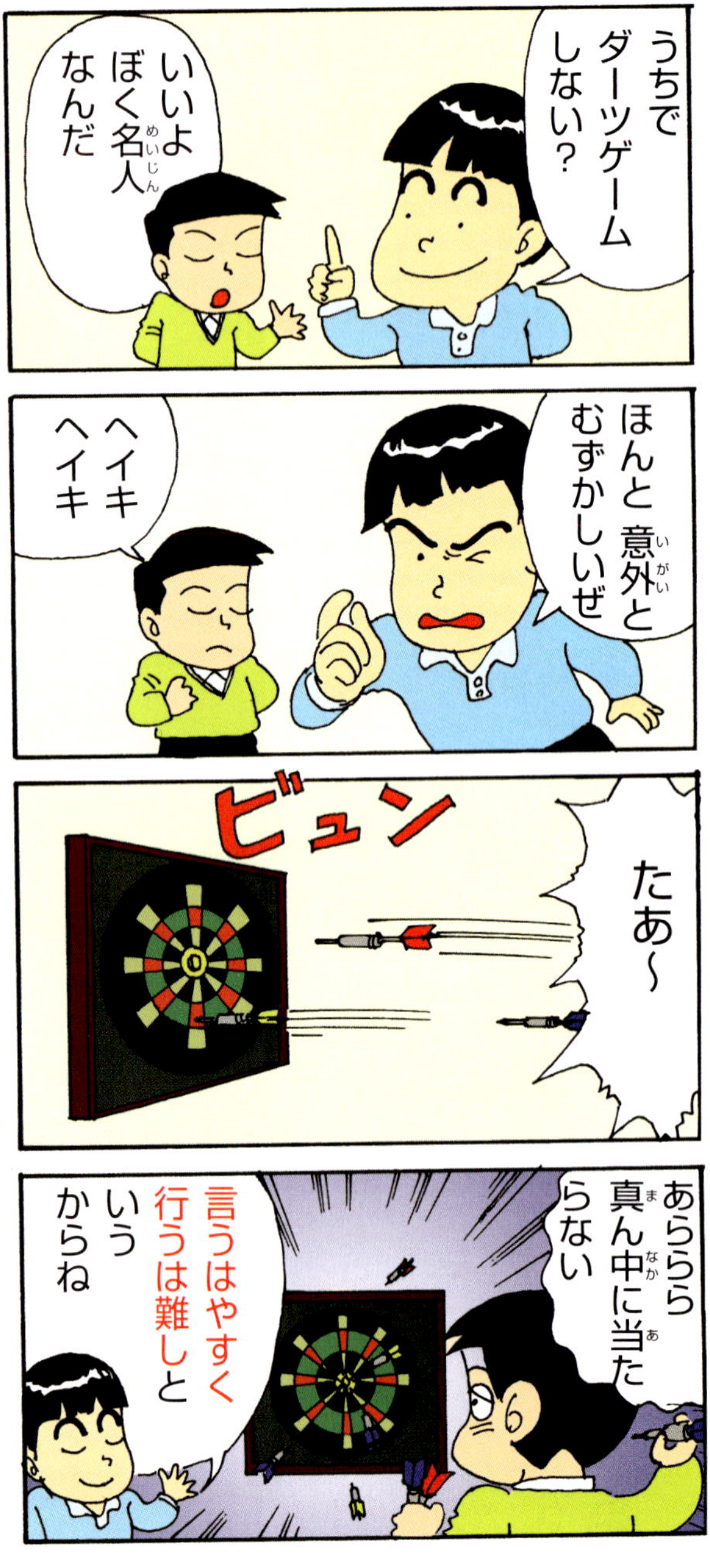

意味《いみ》 口《くち》で言うのは簡単《かんたん》だが、言ったことをじっさいにやるのはむずかしいということ。

使《つか》い方《かた》 夏休《なつやす》みのラジオ体操《たいそう》、毎日《まいにち》行《い》くぞと意気《いき》ごんでいたのに、結局最初《けっきょくさいしょ》の三日《みっか》だけだった。言うはやすく行うは難しだ。

類 **口では大阪《おおさか》の城《しろ》も建《た》つ**／口で言うだけなら、どんな大《だい》それたことでも言えることのたとえ。

「言う」のつくことわざ
言いたいことは明日《あす》言え／言わぬが花《はな》／物言《ものい》えばくちびる寒《さむ》し秋《あき》の風《かぜ》

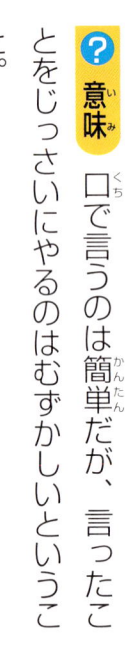

慣用句

生《い》き馬《うま》の目《め》をぬく

猿《さる》！
ぞうりをもてい
ふところに入《い》れてあたためておりました
気《き》がきくやつ
気にいった
ほめてつかわす
生き馬の目をぬく戦国《せんごく》の世《よ》の出世競争《しゅっせきょうそう》
ポイント高《たか》かったな

意味《いみ》 すばしっこくてぬけ目《め》がないので、油断《ゆだん》できないことのたとえ。

使《つか》い方《かた》 生き馬の目をぬく、と言《い》われる都会《とかい》ではいつも十分《じゅうぶん》に用心《ようじん》しよう。

参考《さんこう》 生きている馬の目玉《めだま》さえ、さっとぬき取《と》ってしまうということから。

類 **生き馬の目をくじる**／「くじる」とは、えぐって物《もの》を取り出《だ》すこと。

「馬」のつくことわざ

馬の耳《みみ》に念仏《ねんぶつ》／何度《なんど》注意《ちゅうい》してもききめがなく、知《し》らん顔《かお》をしていることのたとえ。馬の耳に風《かぜ》。馬耳東風《ばじとうふう》。

慣用句

息《いき》をふき返《かえ》す

社運《しゃうん》をかけたネズミっちだったが
返品の山
さっぱり売《う》れずわが社もこれまでか…
子《こ》どもたちが興味《きょうみ》を示《しめ》さないものなぁ
ん
プィ
チュウ
やーん何《なに》コレェ
かわいいー
超欲《ちょうほ》しい！
はい注文《ちゅうもん》ですね
リリリーン
注文殺到《さっとう》！これで我《わ》が社も息をふき返すぞ

意味《いみ》 ①死《し》にそうになっていた人《ひと》が、生《い》き返《かえ》る。②一度《いちど》おとろえていたものが、勢《いきお》いをとりもどす。

使《つか》い方《かた》 古《ふる》い街《まち》なみが観光《かんこう》ブームに乗《の》って注目《ちゅうもく》をあび、さびれていた町《まち》が息をふき返した。

「息」のつく慣用句《かんようく》

息をこらす／息を止《と》めるようにして、じっとしている。「息を殺《ころ》す」「息をつめる」とも言《い》う。

息が合《あ》う／二人以上《ふたりいじょう》の人《ひと》と気持《きも》ちなどがピタリと合《あ》って、調子《ちょうし》がいいようす。

ことわざ

石《いし》の上《うえ》にも三年《さんねん》

パチッ
どうじゃ 才蔵《さいぞう》 石の上にも三年 何《なに》を開眼《かいげん》したのじゃ
はっ 足《あし》のしびれのきらし方《かた》です

意味《いみ》 どんなことでもがまん強《づよ》くしんぼうすれば、必《かなら》ずなしとげられるということのたとえ。

使《つか》い方《かた》 いつも一回戦《いっかいせん》で負《ま》け続《つづ》けていたあのチームが、ベストエイト進出《しんしゅつ》だって。石の上にも三年だね。

参考《さんこう》 冷《つめ》たい石でも、三年もすわり続ければ温《あたた》まるということから。

類 茨《いばら》の中《なか》にも三年

「石」のつくひゆ・慣用句《かんようく》
石のようにだまる／石のように動《うご》かない／石にかじりついても

ことわざ 石橋《いしばし》をたたいてわたる

殿《との》！作戦《さくせん》はカンペキです
敵
城
味方
これ以上《いじょう》の策《さく》はありません
ふ～む もし敵《てき》が後《うし》ろから来《き》たらどうする？
へっ…？
そうだ まわりをぜーんぶ囲《かこ》めばいいのだ！
敵
石橋をたたいてわたる作戦ですな

意味《いみ》 ひじょうに用心深《ようじんぶか》く、ものごとを行《おこな》うことのたとえ。

使《つか》い方《かた》 父《ちち》は、石橋をたたいてわたる用心深い性格《せいかく》なので、家族旅行《かぞくりょこう》に備《そな》えて、下見《したみ》に出《で》かけた。

参考《さんこう》 石で作《つく》ったじょうぶな橋《はし》を、こわれはしないかとたたいて、安全《あんぜん》を確《たし》かめてからわたるということから。

類 **念《ねん》には念を入《い》れる／浅《あさ》い川《かわ》も深くわたれ**

反対の意味 **危《あぶ》ない橋をわたる**／危険《きけん》であることを知《し》りながら、あえてものごとを行うことのたとえ。

ことわざ

医者《いしゃ》の不養生《ふようじょう》

あいたた食《た》べすぎた～
だからおよしって言《い》ったのにこまった子《こ》
調子《ちょうし》にのって食べるからだ健康管理《けんこうかんり》くらいきちんとしなさい!!
ごごめんなさ～い
○○医院
あいたたた昨日《きのう》飲《の》みすぎで頭痛《ずつう》と腹痛《ふくつう》がー
あなたそれじゃまるで医者の不養生じゃない?
○○医院
母《かあ》さん胃薬《いぐすり》～

意味《いみ》 人《ひと》にはりっぱなことを言《い》いながら、自分《じぶん》ではそれを実行《じっこう》していないことのたとえ。

使《つか》い方《かた》 父《ちち》は、酒《さけ》を飲《の》む人に、酒をひかえるようにお説教《せっきょう》するくせに、自分はちっともやめようとしない。まさに医者の不養生だ。

参考《さんこう》 「養生」は、体《からだ》をじょうぶにするよう努《つと》めること。医者は、人には健康《けんこう》に注意《ちゅうい》しなさいと言うけれど、案外《あんがい》自分の健康には注意していないということから。

類 **坊主《ぼうず》の不信心《ふしんじん》／紺屋《こうや》の白袴《しろばかま》／易者《えきしゃ》の身《み》の上知《うえし》らず**

四字熟語

以心伝心《いしんでんしん》

チャンスパスをくれ！
来《き》た！
あ
以心伝心シュートだ！
ズバン
見事《みごと》なパスでしたね
ぼくたち以心伝心コンビなんです！

意味《いみ》 口《くち》で言《い》ったり、文字《もじ》で書《か》いたりしなくても、おたがいの気持《きも》ちや考《かんが》えが通《つう》じ合《あ》うこと。

使《つか》い方《かた》 友達《ともだち》にメールを打《う》とうと思《おも》ったら、その友達からメールが届《とど》いた。まさに以心伝心だ。

参考《さんこう》 「心《こころ》を以《もっ》て心に伝《つた》う」という仏教《ぶっきょう》のことば。禅宗《ぜんしゅう》のお坊《ぼう》さんが、ことばや文字であらわせない仏《ほとけ》の教《おし》えを、弟子《でし》の心に、心でじかに伝えるということから。禅宗では、本当《ほんとう》のさとりは文字では伝えることができないということを、「不立文字《ふりゅうもんじ》」という。

慣用句

いずれが菖蒲《あやめ》杜若《かきつばた》

アイドルの智子《ともこ》ちゃんは明《あか》るくてめちゃかわいい
裕子《ゆうこ》ちゃんは歌《うた》がうまくてスタイルばつぐん
ワー
ワー
いずれが菖蒲杜若か……
うーん
どっちにしようかな～
グズグズしてると取《と》られちゃうよ
キャー
キャー
どーしよオ～

意味《いみ》 どちらもすぐれていて、選《えら》ぶのにこまることのたとえ。

使《つか》い方《かた》 入社試験《にゅうしゃしけん》の受験者《じゅけんしゃ》は、みんな優秀《ゆうしゅう》だったため、いずれが菖蒲杜若で、合格者《ごうかくしゃ》を決《き》めるのが大変《たいへん》だった。

参考《さんこう》 どちらも同《おな》じアヤメ科《か》の植物《しょくぶつ》で、とても美《うつく》しい花《はな》だが、花がとてもよく似《に》ていて区別《くべつ》がむずかしいことから。

同 いずれ菖蒲か杜若

ことわざ 急《いそ》がば回《まわ》れ

意味《いみ》 ものごとを急《いそ》いでやりたいときには、時間《じかん》がかかっても安全《あんぜん》で確実《かくじつ》な方法《ほうほう》や手段《しゅだん》でやったほうが、結局《けっきょく》は早《はや》くできるという教《おし》え。

使《つか》い方《かた》 点《てん》を確実に取《と》るためには、細《こま》かいパスをつないだ攻《せ》めで行《い》こう。急がば回れの戦術《せんじゅつ》だ。

参考《さんこう》 急ぐときは、近道《ちかみち》をしたくなるけれど、少々《しょうしょう》遠回《とおまわ》りしても安全な道を行ったほうが、結局は早く着《つ》くということから。

類 **近道は遠道《とおみち》／回るは早道《はやみち》／せいては事《こと》を仕損《しそん》じる**

慣用句

いたちごっこ

世界一電器
どこより 安《やす》いよ テレビ一万円《いちまんえん》
1万円
1万円
安売り王《キング》
安いのは こっち となりより 二百円《にひゃくえん》安い よ！
じゃあ うちは これだ！
9500
お いいね もっと まけてよ
これで どうだ
9000
ハァ
ハァ
ハァ
ハァ
ハァ
8900
なんの なんの
いたちごっこに なってきたね

意味《いみ》 両方《りょうほう》が、たがいに同《おな》じことばかりくりかえして、きりがないこと。

使《つか》い方《かた》 話《はな》し合《あ》いをしたが、二人《ふたり》とも自《じ》分《ぶん》の意見《いけん》を主張《しゅちょう》するばかりだ。これでは、いたちごっこで話《はなし》がまとまらない。

参考《さんこう》 二人が向《む》かい合《あ》って、「いたちごっこ、ねずみごっこ」と言《い》いながら相手《あいて》の手《て》の甲《こう》をつまみあい、順《じゅん》に上《うえ》へ上へと重《かさ》ねていく子《こ》どもの遊《あそ》びから。

「いたち」のつく慣用句《かんようく》

いたちの最後《さいご》っ屁《べ》／追《お》いこまれたときの非常《ひじょう》手段《しゅだん》。

慣用句

板《いた》ばさみになる

よぉ 野球部《やきゅうぶ》に入《はい》れよ
ハッ ハイ せんぱい
ねぇ テニス部に入らな～い
は～い
野球をやりたいけどテニスもすてがたい
板ばさみになるとはこのことだなぁ～
そうだ！ 今日《きょう》はテニス部
明日《あす》は野球部でダメ？
ダメー

意味《いみ》 たがいに意見《いけん》や立場《たちば》のちがう二人《ふたり》の間《あいだ》に立《た》たされ、どうしたらよいかなやむ。

使《つか》い方《かた》 外《そと》で食事《しょくじ》をすることになったが、姉《あね》は和食《わしょく》、妹《いもうと》はイタリアンがいいと言《い》い、そのどちらでもいいと思《おも》うわたしは二人の板ばさみになり、こまってしまった。

参考《さんこう》 板と板の間にはさまって、身動《みうご》きできないことから。

「板」のつく慣用句《かんようく》

板につく／その仕事《しごと》や役《やく》になれて、その人《ひと》の服装《ふくそう》やしぐさがぴったり合《あ》っているたとえ。この場合《ばあい》の「板」は舞台《ぶたい》のこと。

慣用句

一《いち》か八《ばち》か

意味《いみ》 成功《せいこう》するか失敗《しっぱい》するかわからないけれど、思《おも》いきってやってみること。

使《つか》い方《かた》 勝《か》つか負《ま》けるかこの一球《いっきゅう》にかかっている。一か八か、直球《ちょっきゅう》で勝負《しょうぶ》だ。

参考《さんこう》 ばくちのことば。一は「丁《ちょう》（偶数《ぐうすう》）」、八は「半《はん》（奇数《きすう》）」の昔の字「半」を、それぞれ字の一部分《ぶぶん》を使《つか》ってあらわしたもの。

「一」のつく慣用句《かんようく》

一から十《じゅう》まで／何《なに》から何まで。全部《ぜんぶ》。

一も二《に》もなく／あれこれいうまもなく。

一を聞《き》いて十を知《し》る／少《すこ》しの事《こと》で全体《ぜんたい》をさとる。

あの子《こ》つきあってくれるかなァ…
無理《むり》だよなァ
でもひょっとして可能性《かのうせい》がなくもない
一か八か…
ぼくとつきあってください
いいわよ
やったー一か八かのかけが成功《せいこう》だ～
ムニャムニャ

ことわざ

一事《いちじ》が万事《ばんじ》

サッカー やろうぜ
え〜 サッカー どうしようかナ
なんか 用《よう》でも あるの
特《とく》に ないけど 迷《まよ》うなぁ？
じゃあ これから おまえの家《いえ》で 遊《あそ》ぶのは？
え ぼくんち どうしよう？
もう 一事が万事 この調子《ちょうし》 なんだから！ おれたち だけで遊ぼ
やっぱり ぼくも まぜて

意味《いみ》 ①ある一《ひと》つのことを見《み》れば、全体《ぜんたい》がどうであるかがわかるということ。②一つのことがそうなると、ほかのことも全部《ぜんぶ》そうなるということ。

使《つか》い方《かた》 ゆき子《こ》さんは、頼《たの》みごとをすると返事《へんじ》ばかりよくてなかなか実行《じっこう》してくれない。一事が万事あの調子《ちょうし》だから、彼女《かのじょ》は簡単《かんたん》に信用《しんよう》できない。

参考《さんこう》 多《おお》くの場合《ばあい》、よくない一面《いちめん》を見て、ほかの面も悪《わる》いだろうという意味《いみ》で使《つか》われる。

類 **一事を以《も》って万端《ばんたん》を知《し》る**

ことわざ

一難《いちなん》去《さ》ってまた一難

ミ〜ン
ミ〜ン
あ 兄《にい》ちゃん ヘビだ！
わっ
逃《に》げろー
ピューッ
ダダダ
兄ちゃん 道《みち》に迷《まよ》ったね
うん 一難去ってまた一難
キョ キョ

意味《いみ》

一《ひと》つの災《わざわ》いが終《お》わって一安心《ひとあんしん》していたら、また別《べつ》の災いがふりかかってくるというように、災難に次《つぎ》つぎとおそわれること。

使《つか》い方《かた》

冷夏《れいか》で米《こめ》の生長《せいちょう》がおくれていたら、一難去ってまた一難、九月《くがつ》の台風《たいふう》で田《た》んぼが水《みず》びたしになってしまった。

類

虎口《ここう》を逃《のが》れて竜穴《りゅうけつ》に入《い》る／虎《とら》に食《た》べられる危険《きけん》からのがれたら、今度《こんど》は竜の穴《あな》に入《はい》るという意味《いみ》。

前門《ぜんもん》の虎後門《こうもん》の狼《おおかみ》／前《まえ》の門で虎をふせいでいると、後ろの門から狼がおそってくる。前後《ぜんご》に危険《きけん》がせまって身動《みうご》きができないたとえ。

ことわざ

一姫二太郎《いちひめにたろう》

一姫二太郎ですね〜
千歳アメ
うちは上《うえ》の子《こ》が男《おとこ》の子だからちがいますよ
え〜〜？
だから一人《ひとり》の女《おんな》の子と二人《ふたり》の男の子でしょ
!?
千歳アメ
千歳アメ
それをいうなら後先息子《あとさきむすこ》で中娘《なかむすめ》でしょ
長女《ちょうじょ》が生《う》まれて次《つぎ》に男の子が生まれるのが一姫二太郎か〜

意味《いみ》 子《こ》どもは、初《はじ》めに女《おんな》の子《こ》、次《つぎ》に男《おとこ》の子《こ》の順《じゅん》に生《う》まれるのが、育《そだ》てやすくてよいということ。

使《つか》い方《かた》 おたくは一姫二太郎でいいですね。

注 上《うえ》が女の子、下《した》が男の子のときに使《つか》うのが正《ただ》しいが、近《ちか》ごろでは、一人《ひとり》の女の子と二人《ふたり》の男の子のときにまちがって使われることも多《おお》い。もとは、初めにあととりの男の子が生まれなかったときのなぐさめのことば。

参考《さんこう》 一は一人ではなく一番目《いちばんめ》で、二は二《に》番目という意味《いみ》。「姫」は女の子、「太郎」は男の子の意味。

慣用句

一目《いちもく》置《お》く

これで
どうですか
パシ
あ…
いやあ
まいったな
その一手《いって》
待《ま》ってくれる?
ダメですよ
囲碁《いご》の世界《せかい》で一目
置かれる
名人《めいじん》が
待っただなんて
カカカ
じゃあ
こうして
くれる〜
ガシャン
てーい

意味《いみ》 相手《あいて》が自分《じぶん》よりすぐれていることをみとめ、尊敬《そんけい》して一歩《いっぽ》ゆずることのたとえ。

使《つか》い方《かた》 弟《おとうと》は体《からだ》は小《ちい》さいものの、柔道初《じゅうどうしょ》段《だん》で、度胸《どきょう》もあるので、周《まわ》りからは一目置かれている。

参考《さんこう》 囲碁で、技量《ぎりょう》に差《さ》がある場合《ばあい》、最初《さいしょ》に弱《よわ》いほうが一《ひと》つ（一目）黒《くろ》い石《いし》を置いてはじめることから。相手よりも自分のほうが弱いとみとめないと一目置けないので、相手をすぐれているとみとめることを、「一目も二《に》目も置く」ともいう。

ことわざ

一寸《いっすん》の虫《むし》にも五分《ごぶ》の魂《たましい》

ブ〜ン
あっ はちの巣《す》！
危険《きけん》だから退治《たいじ》しよう
なにも悪《わる》さしてないのだからそっとしときなさいよ
ギロッ
ギロッ
敵《てき》だ総攻《そうこう》げき！
ひ〜 やられた〜
一寸の虫にも五分の魂よ

意味《いみ》 どんなに小《ちい》さくて弱《よわ》いものでも、それなりにりっぱな意地《いじ》や心《こころ》を持《も》っているのだから、決《けっ》してばかにしてはいけないというたとえ。

使《つか》い方《かた》 一寸の虫にも五分の魂があるのだから、弱いものいじめはやめなさいと、祖《そ》父《ふ》にたしなめられた。

参考《さんこう》 五分は一寸（約《やく》三《さん》センチメートル）の半分《はんぶん》。一寸ほどの小さな虫でも、体《からだ》の半分くらいの大《おお》きな魂がある、という意味《いみ》。

同 一寸の虫さえ五分の魂

類 なめくじにも角《つの》がある／やせ腕《うで》にも骨《ほね》

四字熟語

一朝一夕《いっちょういっせき》

ペラペラ?
ペラペラ
おじさんが外国人《がいこくじん》と話《はな》してる
道《みち》を聞《き》かれたから教《おし》えてあげただけさ
ぼくにも英語《えいご》教えて
語学《ごがく》は一朝一夕に身《み》につくもんじゃないんだ
わかってる英語はむずかしいからね
それに今《いま》のはイタリア語《ご》だし
う〜ん外国語《がいこくご》ってむずかしいね

意味《いみ》 一日《いちにち》や二日《ふつか》くらいのごくわずかな時間《じかん》のこと。

使《つか》い方《かた》 この作品《さくひん》をつくるには、ずいぶん長《なが》い時間がかかったことだろう。とても一朝一夕にできるものではない。

参考《さんこう》 「一朝」はひと朝《あさ》、「一夕」はひと晩《ばん》のこと。

「一」のつく四字熟語《よじじゅくご》

一世一代《いっせいちだい》／一生《いっしょう》に一度《いちど》しかないほどの大変《たいへん》なこと。

一長一短《いっちょういったん》／長所《ちょうしょ》もあれば短所《たんしょ》もあること。

気をつけよう 「一石」と書《か》きまちがえないこと。

ことわざ

犬《いぬ》も歩《ある》けば棒《ぼう》に当《あ》たる

ワォ〜〜ン
今日《きょう》は非番《ひばん》だけどたいくつだし見回《みまわ》りでもしよう
ああ 何《なに》かいいえものはないものか……
おっじろ吉《きち》!!
あっいけねっ
ドキ
いや犬も歩けば棒に当たるってこのことだな

意味《いみ》 ①でしゃばると、思《おも》いがけない災《わざわ》いを受《う》けるというたとえ。②何《なに》もしないより何かやってみたほうが、思いがけない幸運《こううん》にめぐり合《あ》うというたとえ。

使《つか》い方《かた》 ②家《いえ》にばかりいないで出《で》かけてみるといいよ。犬も歩けば棒に当たるというから。

参考《さんこう》 犬もじっとしていればいいのに、歩き回《まわ》るから人間《にんげん》のふりまわす棒に当たってたたかれる、ということから。

気をつけよう 本来《ほんらい》は①の意味《いみ》だが、現在《げんざい》では②の意味で使《つか》われることが多《おお》い。

ことわざ 井《い》の中《なか》の蛙《かわず》大海《たいかい》を知《し》らず

どう? ぼくの鉄道模型《てつどうもけい》
すご～い
こんなの持《も》ってるのぼくだけだぜ!
ぼくのほうがもっとすごいよ!
ぼくんちは庭《にわ》に鉄道が走《はし》ってるんだぜ!
エヘン!
井の中の蛙大海を知らずだネ

意味《いみ》 自分《じぶん》のせまい考《かんが》えにとじこもっていて、世《よ》の中《なか》にはいろいろな考え方《かた》があるのを知らないことのたとえ。

使《つか》い方《かた》 あの店《みせ》の主人《しゅじん》は、自分の店の品《しな》ぞろえが一番《いちばん》だと思《おも》っていて、新《あたら》しい商品《しょうひん》を置《お》こうとしない。井の中の蛙大海を知らずだ。

参考《さんこう》 「蛙《かわず》」は、かえるの古《ふる》い言《い》い方。ちっぽけな井戸《いど》の中にすむかえるは、大《おお》きな海《うみ》、広《ひろ》い世界《せかい》があることを知らない、ということから。
※このことわざは、そのまま訳《やく》されて英語《えいご》のことわざにもなっている。

ことわざ

いわしの頭《あたま》も信心《しんじん》から

ナンマンダブ
ナンマンダブ
おばあちゃん どうして こんな石《いし》 おがんでるの
先祖代々《せんぞだいだい》 この石は ごりやくが ある ありがたい石 なんだよ
こんな きたない 石が？
迷信《めいしん》だよ 今《いま》まで 何《なに》も なかった からな
ふ〜ん
おそなえ してた 富《とみ》くじが 大当《おおあ》たり じゃ
いわしの頭も 信心からとは よくいったもんだ

意味《いみ》 どんなにつまらないものでも、それがすばらしいものだと信《しん》じる人《ひと》にとっては、尊《とうと》くありがたいものに見《み》えるというたとえ。

使《つか》い方《かた》 いわしの頭も信心から、というからね。あんな石《いし》ころでも、母《はは》にとっては大《たい》切《せつ》なお守《まも》りなんだ。

参考《さんこう》 節分《せつぶん》の夜《よる》に、いわしの頭をひいらぎの枝《えだ》にさして家《いえ》の門《もん》にかざり、鬼《おに》を追《お》いはらう風習《ふうしゅう》から。ものごとをがんこに信じこんでいる人をからかうときに使《つか》う。「頭《あたま》」は、「頭《かしら》」ともいう。

ことわざ 魚心《うおごころ》あれば水心《みずごころ》

お代官様《だいかんさま》
いつもの
お礼《れい》です
いつも
すまんのう
大黒屋《だいこくや》
なんの
お礼には
およびません
魚心あれば
水心…
わかった
わかった
お前《まえ》の商売《しょうばい》が
うまくいくよう
これからも
とりはからって
やるわい
オホホホホ
ワハハハ
おぬしも
悪《わる》よのう
お代官様
こそ

意味《いみ》 相手《あいて》に親《した》しみの気持《きも》ちがあるなら、自分《じぶん》も相手の気持ちにこたえる用意《ようい》があるということのたとえ。

使《つか》い方《かた》 新《あたら》しい学校《がっこう》は、慣《な》れるまで大変《たいへん》だと思《おも》ったが、魚心あれば水心で、こちらから進《すす》んで話《はな》しかけたら、みんなすぐ仲《なか》よくしてくれた。

参考《さんこう》 もとは、「魚《うお》、心《こころ》あれば、水、心あり」で、魚《さかな》が水を好《この》むならば、水にもそれに応《おう》じる心があるだろう、というたとえ。

同 水心あれば魚心

類 網心《あみごころ》あれば魚心／君心《きみごころ》あれば民心《たみごころ》あり

慣用句

後《うし》ろ髪《がみ》を引《ひ》かれる

かぜみたい
こまったわ
今日《きょう》は仕事《しごと》
休《やす》めないし
ちゃんと
ねてるから
仕事行《い》って
でも
やっぱり
心配《しんぱい》だわ
後ろ髪を
引かれる
思《おも》い…
やっぱり
休むこと
にしたわ
ありがとう

意味《いみ》 みれんや心残《こころのこ》りがあって、きっぱりと思《おも》い切《き》れないたとえ。

使《つか》い方《かた》 妹《いもうと》が熱《ねつ》を出《だ》してねているので、母《はは》は、後ろ髪を引かれる思いで会社《かいしゃ》に出勤《しゅっきん》した。

参考《さんこう》 髪を後ろから引っぱられて、先《さき》に進《すす》めないということから。

「後ろ」のつく慣用句《かんようく》

後ろ指《ゆび》をさされる／かげで悪口《わるくち》を言《い》われたり、ひなんされたりすること。

後ろを見《み》せる／かなわないと思って、十分《じゅうぶん》に戦《たたか》わずににげること。

ことわざ

うそから出《で》たまこと

意味《いみ》 うそのつもりで言《い》ったのに、たまたま結果《けっか》として、言ったことが本当《ほんとう》になってしまうこと。

使《つか》い方《かた》 夏休《なつやす》みにヨーロッパ旅行《りょこう》に行《い》くとじょう談《だん》を言っていたら、うそから出たまことで、本当に行くことになった。

参考《さんこう》 「まこと」は、本当という意味《いみ》。

類 **ひょうたんからこま**

「うそ」のつくことわざ

うそも方便《ほうべん》／うそは悪《わる》いことだが、ときにはうそをつくことで、ものごとがうまくいくこともある。

慣用句

うつつをぬかす

あ
きれいな花《はな》
お母《かあ》さん
きれいでしょ
男《おとこ》のくせに
花なんかに
うつつを
ぬかして
だいじょうぶか
あいつ
なんとか
なるで
しょ
十年後《じゅうねんご》ー
きれいな
花が好《す》き
華道家《かどうか》
として
有名《ゆうめい》になって
鼻《はな》が高《たか》いわ

意味《いみ》 ほかのことには見《み》むきもしなくなるくらい、あることに夢中《むちゅう》になる。

使《つか》い方《かた》 けんたくんは、テレビゲームにうつつをぬかして、練習《れんしゅう》をさぼっていたので、陸上大会《りくじょうたいかい》で優勝《ゆうしょう》をのがしてしまった。

参考《さんこう》 「うつつ」は「現《うつつ》」と書《か》き、まともな判断《はんだん》ができる心《こころ》（＝正気《しょうき》）のこと。それを失《うしな》って夢《ゆめ》を見ているようなようすという意《い》味《み》。

類 **病膏肓《やまいこうこう》に入《い》る**／趣味《しゅみ》などに夢中になって、どうしようもなくなる。**血道《ちみち》を上《あ》げる**／趣味や恋《こい》に夢中になる。

慣用句

馬《うま》が合《あ》う

また お前《まえ》たち
二人《ふたり》だけ
ちこくか！
しばらく
立《た》ってなさい！
どうして
ちこくした
の？
君《きみ》がちこく
すると思《おも》った
から……
え～
わたしも
そうよ！
ぼくたち
馬が合うね

意味《いみ》 おたがいがとても気《き》の合うたとえ。

使《つか》い方《かた》 あの二人《ふたり》は馬が合うのか、いつもいっしょにいる。

参考《さんこう》 馬の心《こころ》と乗《の》る人《ひと》の呼吸《こきゅう》がうまく合うことから、人と人の気持《きも》ちがぴったり合うことにたとえたもの。

「馬」のつくことわざ・慣用句《かんようく》

生《い》き馬の目《め》をぬく（→二九ページ参照《さんしょう》）

牛《うし》を馬に乗りかえる／自分《じぶん》に不利《ふり》なほうをやめて、有利《ゆうり》なほうを選《えら》ぶたとえ。

馬の耳《みみ》に念仏《ねんぶつ》（→二九ページ参照《さんしょう》）

ことわざ うわさをすれば影《かげ》がさす

こら そこ
さぼってんじゃ
ないぞ
おっか
ねえな
ゴリ先生《せんせい》
いつも
どなって
ばかり
いっそ
いなくなれば
いいのになあ
だれが
いなくなれば
いいんだって！
うわさを
すれば…
やば
…

意味《いみ》 人《ひと》のうわさをしていると、うわさをされた人が、そこへぐうぜん現《あらわ》れるものだということ。

使《つか》い方《かた》 最近《さいきん》、親《しん》せきのお姉《ねえ》さんはどうしているかなと家《いえ》で話《はな》していたら、うわさをすれば影がさすで、お姉さんが家にやってきた。

参考《さんこう》 「影がさす」は、その人の姿《すがた》が現れるという意味《いみ》。

同 うわさをすれば影

類 人事《ひとごと》を言《い》えば影がさす／うわさをすれば主《ぬし》が来《く》る

四字熟語 雲泥《うんでい》の差《さ》（雲泥之差）

専用《せんよう》のグラウンド
そろいのユニフォーム
専用のバス
ドクターにマネージャー完備《かんび》
剛腕《ごうわん》ピッチャー強力《きょうりょく》スラッガー
うちのチームとは雲泥の差だな
ゾロゾロ
今日《きょう》もがんばろう〜

意味《いみ》 二《ふた》つのものごとに、とても大《おお》きなちがいがあることのたとえ。

使《つか》い方《かた》 兄弟《きょうだい》でも、算数《さんすう》の成績《せいせき》に雲泥の差がある。

参考《さんこう》 天《てん》の雲《くも》と地《ち》の泥《どろ》とでは、はなれすぎていることから。二つのもののあいだに、大きなちがいがあるときに使《つか》われる。

類 **ちょうちんにつりがね**／ちょうちんとつりがねは、同《おな》じつり下《さ》げるもので形《かたち》は似《に》ているが、大きさや重《おも》さが大きくちがう。

月《つき》とすっぽん（↓一五九ページ参照《さんしょう》）

慣用句

運《うん》を天《てん》にまかせる

めざせ一流校
明日《あす》はいよいよ一次試験《いちじしけん》！
問題《もんだい》はA《エー》とB《ビー》どっちが出《で》るかだ!!
A
B
えーい運を天にまかせAにしぼろう
試験当日《とうじつ》
やった！
一次試験
A

意味《いみ》 一生《いっしょう》けんめいがんばって努力《どりょく》したあと、結果《けっか》がどうなるかはあせったりせず、なりゆきにまかせる。

使《つか》い方《かた》 わたしたちは、合唱《がっしょう》コンクールに向《む》けて練習《れんしゅう》をしてきた。あとは運を天にまかせて、本番《ほんばん》で力《ちから》を出《だ》しきるだけだ。

参考《さんこう》 「運」は、いいこと悪《わる》いことすべてをひっくるめた、めぐり合《あ》わせの意味《いみ》。「天」は、運命《うんめい》を支配《しはい》している天の神《かみ》さま。運のよしあしは、自分《じぶん》の力ではどうすることもできないことから。

類 **人事《じんじ》を尽《つ》くして天命《てんめい》を待《ま》つ／運は天にあり**

ことわざ

江戸《えど》の敵《かたき》を長崎《ながさき》で討《う》つ

きゃ
負《ま》けたわ
もっと練習《れんしゅう》したほうがいいわね
う〜江戸の敵を長崎で討つワ
それではテニス部《ぶ》のキャプテンこの問題《もんだい》をといてください

意味《いみ》 意外《いがい》な場所《ばしょ》や、まったく関係《かんけい》ないことで、うらみのある相手《あいて》にし返《かえ》しをするたとえ。

使《つか》い方《かた》 ゲームで負《ま》けた友達《ともだち》にすもうで勝《か》ったんだって？　江戸の敵を長崎で討つだね。

参考《さんこう》 江戸（今《いま》の東京《とうきょう》）で受《う》けたうらみを、遠《とお》くはなれた長崎で晴《は》らすということから。※これは元《もと》は、「江戸の敵を長崎が討つ」で、江戸時代《じだい》、見《み》せ物《もの》の競争《きょうそう》で江戸が大《おお》坂《さか》（大阪）に負《ま》け、それを次《つぎ》に長崎が大坂を負かしたことからできたことばといわれる。

ことわざ

絵《え》にかいたもち

夏《なつ》に向《む》けて今日《きょう》からダイエット！
めざせ！スリムビューティー
これでバッチリね
1日800kcalまで！
運動2時間以上
おやつは食べない
お姉《ねえ》ちゃんケーキ買《か》ってきたよ
食《た》べる食べる
ダイエット計画《けいかく》も絵にかいたもちね
おいしい！

意味《いみ》 計画《けいかく》や想像《そうぞう》だけで、実現《じつげん》する可能《かのう》性《せい》がないことのたとえ。

使《つか》い方《かた》 夏休《なつやす》みに立《た》てたすばらしい計画が、何一《なにひと》つ実現できず、絵にかいたもちに終《お》わった。

参考《さんこう》 絵に描《えが》かれたもちは、どんなにおいしそうでも、食《た》べることはできないということから。

同 画餅《がべい》

類 机上《きじょう》の空論《くうろん》

「絵」のつく慣用句《かんようく》
絵にかいたよう／絵になる

ことわざ

縁《えん》の下《した》の力《ちから》持《も》ち

よし
洗《せん》たく
終《お》わり!!
ガーッ
ガーッ
あんた よくやる わね かんしん
マネージャーは 縁の下の力持ち だからね こんなのあたり まえよ
おーい ユニフォーム かわいたら 全部《ぜんぶ》もって こーい
水《みず》もねー
ハーイ
ドッサリ
おっととと
まさに 縁の下の 力持ちね

意味《いみ》 人《ひと》の気《き》づかないところで、人のために苦労《くろう》や努力《どりょく》をすることのたとえ。また、そのような苦労や努力をしている人のたとえ。

使《つか》い方《かた》 マネージャーやスコアラーなど縁の下の力持ちの協力《きょうりょく》があったからこそ、ぼくたちは甲子園《こうしえん》で優勝《ゆうしょう》できたんだ。

参考《さんこう》 「縁の下」は、縁側《えんがわ》の下のこと。ゆかした。ここには家《いえ》のゆかをささえる根太《ねだ》という柱《はしら》が通《とお》っていて、家をささえているが、ふだん人目《ひとめ》につかない場所《ばしょ》であることから。

類 **縁の下の舞《まい》／陰《かげ》の舞の奉公《ほうこう》**

慣用句

王手《おうて》をかける

スットライク！
ゲームセット
スバン
わーい
勝《か》ったぞ
みんな
よくやった
リトルリーグ
チャンピオンに
王手をかけたぞ
泣《な》くのは早《はや》いよ
コーチ
決勝《けっしょう》の相手《あいて》
チームは
こいつらだよ
ほんとに
リトルリーグ
か〜!!

意味《いみ》 あと一歩《いっぽ》で相手《あいて》を負《ま》かす、最後《さいご》の段階《だんかい》をむかえる。

使《つか》い方《かた》 一点《てん》リードでむかえた九回裏《きゅうかいうら》もすでにツーアウト、ランナーなし。ボクのチームは優勝《ゆうしょう》に王手をかけた。

参考《さんこう》 「王手」は、将棋《しょうぎ》で、相手の王将《おうしょう》を直接取《ちょくせつと》ろうとする手。王将を取られると負けとなる。

「将棋」に関する慣用句《かんようく》

高飛車《たかびしゃ》にでる／相手《あいて》をむりにおさえつけるような態度《たいど》をとる。

成金《なりきん》／急《きゅう》に金持《かねも》ちになること、なった人《ひと》。

慣用句 大《おお》ぶろしきを広《ひろ》げる

あら
いつも
より
いい点《てん》
じゃない
このままいけば
中学《ちゅうがく》・高校《こうこう》・大学《だいがく》
と才能《さいのう》が花開《はなひら》く
ことまちがい
ないね
やがて科学者《かがくしゃ》に
なってノーベル
賞《しょう》なんか
もらったりして
どうする？
またそんな
大ぶろしきを
広げて
もっと
努力《どりょく》しま
す

意味《いみ》 できそうもないことや、ありそうもない大げさなことを言《い》う。

使《つか》い方《かた》 健太《けんた》くんは、二五メートルプールを息継《いきつ》ぎなしで泳《およ》ぎきると、クラスメートの前《まえ》で、大ぶろしきを広げた。

参考《さんこう》 「大ぶろしき」は、大げさな話《はなし》という意味《いみ》。

ことわざ

おごる平家《へいけ》は久《ひさ》しからず

高級外車
高級ブランド時計
会社《かいしゃ》が大《おお》もうけ！
金《かね》はいくらでもある
お前《まえ》たちも
ぜいたくざんまいしなさ～い
ワハハ
バッ
社長《しゃちょう》
会社《かいしゃ》が大変《たいへん》です！
な 何《なに》！
倒産《とうさん》！
家《いえ》も会社も売《う》りわたし……
おごる平家は久しからずとはこのことか…

意味《いみ》 ぜいたくな暮《く》らしやわがままなふるまいをしている者《もの》は、長《なが》くは続《つづ》かず、そのうちほろんでしまうということ。

使《つか》い方《かた》 おごる平家は久しからずで、長い行列《ぎょうれつ》ができてはんじょうしていたあの店《みせ》も、今《いま》はほとんど客《きゃく》が来《こ》ない。

参考《さんこう》 ぜいたくざんまいで、わがままな行《おこな》いが多《おお》かった平安時代《へいあんじだい》の平家一族《いちぞく》が、あっけなくほろんだことから。『平家物語《へいけものがたり》』の初《はじ》めの部分《ぶぶん》にあることばからできたことわざ。

類 **おごれる者久しからず／おごる平家に二《に》代《だい》なし**

ことわざ

お茶《ちゃ》をにごす

いいかげん部屋《へや》かたづけたら～
マンガ
あらお母《かあ》さん その服《ふく》センスあるわね
え そうかしら やっぱり……
うん だって みんな言《い》ってるよ このごろきれいだって……
え そ そう なの？
ねえデパートに買《か》いものに行《い》かない？
そんな手《て》にはのらないわよ お世辞《せじ》でお茶をにごそうたってダメですよ

意味《いみ》 いいかげんなことを言《い》ったり、したりして、その場《ば》をごまかす。

使《つか》い方《かた》 責任《せきにん》を追及《ついきゅう》されたが、「責任ある者《もの》はほかにもたくさんいるので……」と言ってお茶をにごした。

参考《さんこう》 茶の湯《ゆ》の作法《さほう》を知《し》らない人《ひと》が、てきとうにまっ茶をかきまぜてにごらせ、それらしくごまかしてみせることから。

ことわざ

鬼《おに》に金棒《かなぼう》

エースの投球《とうきゅう》は
完《かん》ぺきだ……
だが……
ズバン
打《う》たれない
けど点《てん》も
取《と》れんわい
元プロ野球選手
すまんすまん
おくれ
ちゃって
オッ
助《すけ》っ人《と》登場《とうじょう》！
カキーン
やったー
これで
鬼に金棒

意味《いみ》　ただでさえ強《つよ》い者《もの》が、さらに力《ちから》をくわえて、もっと強くなるたとえ。

使《つか》い方《かた》　あの速球《そっきゅう》を投《な》げるピッチャーが、フォークボールをマスターしたんだから、まさに鬼に金棒と言《い》えるだろうね。

参考《さんこう》　ただでさえ何《なに》も持《も》たなくても強い鬼に、武器《ぶき》の鉄《てつ》の棒を持たせたら、さらに強くなることから。

類　**虎《とら》に翼《つばさ》**

「鬼」のつく慣用句《かんようく》

鬼が笑《わら》う／鬼のかくらん／鬼の目《め》にも涙《なみだ》／鬼も十八《じゅうはち》／渡《わた》る世間《せけん》に鬼はない

ことわざ

帯《おび》に短《みじか》したすきに長《なが》し

▲▼デパート
大バーゲンセール
そうそう 子《こ》どもたちの 服《ふく》も買《か》わなくちゃ
うーん サイズは これで よかった かしら……
でも 一着《いっちゃく》しか 買えないわ
セール品
T《ティー》シャツ 買ってきたわよ
どんなの どんなの？
ぼくには 大《おお》きいよ
ぼくには 小《ちい》さいや
やれやれ 帯に短し たすきに長し だったか

意味《いみ》 ちゅうとはんぱで、何《なん》の役《やく》にも立《た》たないことのたとえ。

使《つか》い方《かた》 母《はは》が買《か》ってきたスカートは、上《うえ》の子《こ》には小《ちい》さく、下《した》の子には大《おお》きすぎて、帯に短したすきに長しだ。

参考《さんこう》 「たすき」は、着物《きもの》を着て仕事《しごと》などをするとき、動《うご》きやすいように両《りょう》そでを肩《かた》のほうへたくし上《あ》げて止《と》めておくひも。ひもが帯にするには短く、たすきにするには長すぎて、けっきょくどちらにも使《つか》えないということから。帯は大体《だいたい》三～四メートル、たすきは二メートルくらいの長さ。

ことわざ

おぼれる者《もの》はわらをもつかむ

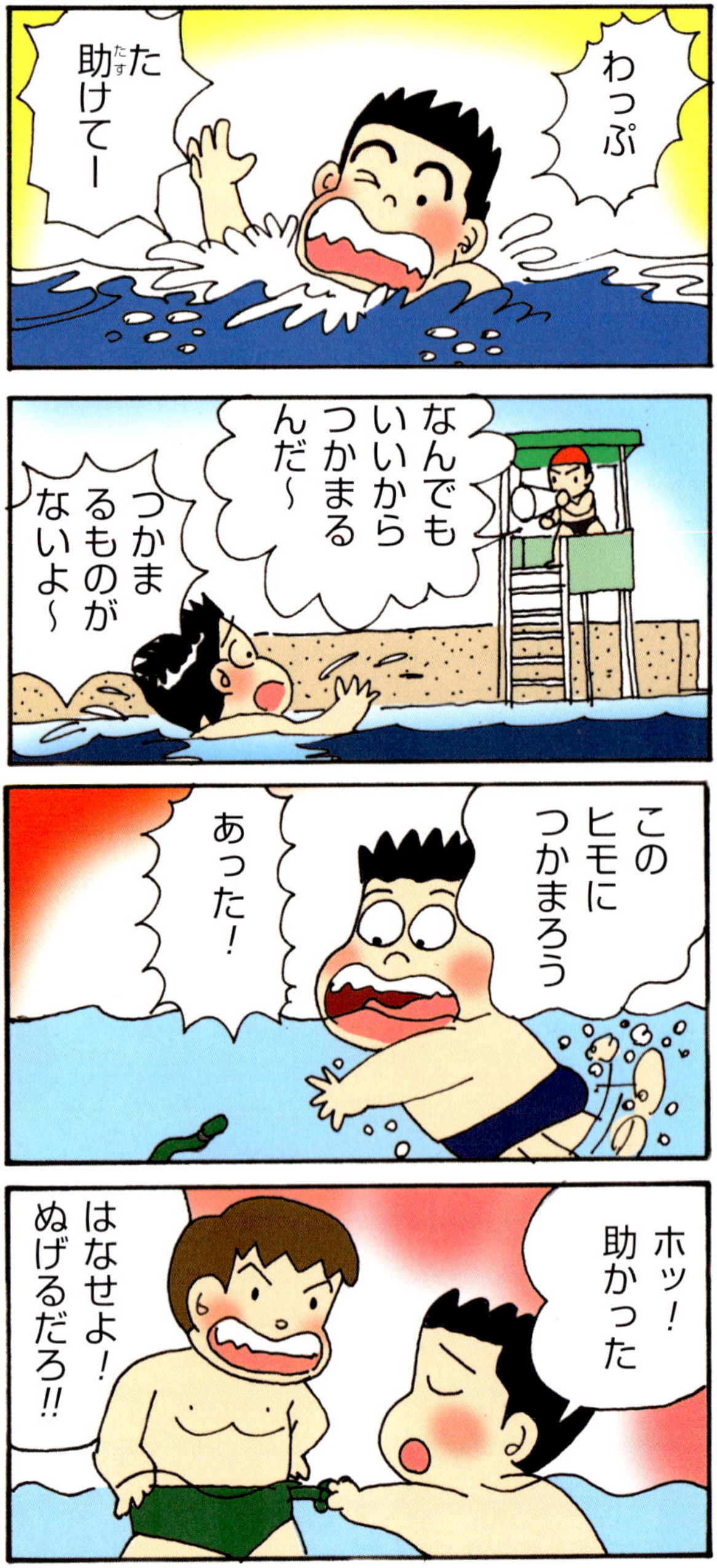
わっぷ
た
助《たす》けてー
なんでもいいからつかまるんだ～
つかまるものがないよ～
このヒモにつかまろう
あった!
ホッ!助かった
はなせよ!ぬげるだろ!!

意味《いみ》 非常《ひじょう》にこまっている人《ひと》や、あぶない目《め》にあっている人は、助《たす》かりたい一心《いっしん》で、どんなにたよりないものにでもすがりついてしまうというたとえ。

使《つか》い方《かた》 夏休《なつやす》みの最後《さいご》の日《ひ》、宿題《しゅくだい》が終《お》わらなかったぼくは、おぼれる者はわらをもつかむで、小《ちい》さな妹《いもうと》にまで手伝《てつだ》わせた。

参考《さんこう》 水《みず》におぼれそうな人は、助かろうとして、目の前《まえ》にうかんでいる一本《いっぽん》のわらでさえ、思《おも》わずつかもうとすることから。西洋《せいよう》のことわざがもと。

類 わらにもすがる

ことわざ

思《おも》い立《た》ったが吉日《きちじつ》

8月
そろそろ宿題《しゅくだい》始《はじ》めたほうがいいかなぁ
そうね 思い立ったが吉日! すぐやったほうがいいよ
ワッ
お姉《ねえ》ちゃんの言《い》うとおりだな
今日《きょう》からどんどんかたづけるぞ
予定《よてい》より早《はや》く終《お》わったから思《おも》うぞんぶん遊《あそ》べるよーっ!

意味《いみ》 何《なに》かをしようと思い立ったら、すぐにやり始《はじ》めたほうがよい、ということ。

使《つか》い方《かた》 思い立ったが吉日なんだから、テストの結果《けっか》がさんざんで、反省《はんせい》した今日《きょう》から勉強《べんきょう》を始めなさい。

参考《さんこう》 「吉日」は、「きちにち」とも読《よ》み、うらないなどで物事《ものごと》をするのによい日《ひ》という意味《いみ》。一度《いちど》何かを始めようと決心《けっしん》したら、うらないには関係《かんけい》なく、その日が吉日なのだ、ということ。

同 **思い立つ日が吉日**

類 **善《ぜん》は急《いそ》げ**

ことわざ

親《おや》の心《こころ》子《こ》知《し》らず

○△山《やま》はあぶないからおやめよ
だいじょうぶ行《い》ってくるね
○△山でなだれが発生《はっせい》ゆくえ不明者《ふめいしゃ》が出《で》ているもようです
あの子《こ》にもしものことがあったらどうしようああ神《かみ》さま…仏《ほとけ》さま…
きせきの生《せい》かんをされた嵐山《あらしやま》さんです
神さまか仏さまが助《たす》けてくれたんだと思《おも》います

意味《いみ》 子どもは親にさからったり、勝手《かって》なことばかりしたりして、子どものことを心配《しんぱい》している親の愛情深《あいじょうぶか》い心に気付《きづ》いていない、ということ。

使《つか》い方《かた》 うちの子はいつも帰《かえ》りがおそい。心配して帰りを待《ま》っているというのに、親の心子知らずだ。

参考《さんこう》 「親」は、親のような立場《たちば》にある目上《めうえ》の人《ひと》のこともいう。

「親」のつくことわざ・慣用句《かんようく》
親思《おも》う心にまさる親心《おやごころ》／親の七光《ななひかり》／親の欲目《よくめ》／親はなくとも子は育《そだ》つ

慣用句

折《お》り紙《がみ》つき

リストランテ
ヨダーレ
このお店《みせ》は三《み》つ星《ぼし》レストランで有名《ゆうめい》なんだ
さぞかしおいしいんでしょうね
そりゃあ折り紙つき！
サービスもいいわ
折り紙つきですから
おいしかったワ…値段《ねだん》もきっと
折り紙つきだー

意味《いみ》 そのものごとが確《たし》かだと証明《しょうめい》できるようなこと。

使《つか》い方《かた》 ぼくの兄《にい》さんのギターの腕前《うでまえ》は折り紙つきで、休日《きゅうじつ》にはライブハウスで演奏《えんそう》している。

参考《さんこう》 「折り紙」は、鶴《つる》などを折るものではなく、公式《こうしき》な文書《ぶんしょ》に使《つか》われた、紙を二《ふた》つに折ったもの。のちに、そのものの価値《かち》が確かなものであることを証明《しょうめい》した書《か》きつけ、特《とく》に絵画《かいが》や書《しょ》、刀剣《とうけん》といった美術品《びじゅつひん》などの品物《しなもの》を保証《ほしょう》する鑑定書《かんていしょ》をいった。

類 **太鼓判《たいこばん》を押《お》す／きわめ付《つ》け／おすみ付き**

ことわざ

終《お》わりよければすべてよし

どうしよう
昆虫《こんちゅう》が一匹《いっぴき》も
いない
あっ
すごく
のろまな
ちょう
どうだ
最後《さいご》の
チャンス
夏休み自由工作
たった一匹の
昆虫標本《ひょうほん》だけど
優秀賞《ゆうしゅうしょう》を
もらった
終わりよければ
すべてよしだな

意味《いみ》 最初《さいしょ》や途中《とちゅう》がどうであれ、結果《けっか》がよければそれでいい。ものごとは最後《さいご》が一番《いちばん》大事《だいじ》だということ。

使《つか》い方《かた》 山登《やまのぼ》りのとちゅうで雨《あめ》にふられたが、頂上《ちょうじょう》についたら雨もあがり、すばらしい景色《けしき》だった。終わりよければすべてよしだ。

参考《さんこう》 西洋《せいよう》のことわざから。英語《えいご》ではAll's well that ends well.《オールズ ウエル ザット エンズ ウェル》という。

「終わり」のつく慣用句《かんようく》

終わりを告《つ》げる／終わりになる。

終わりを全《まっと》うする／最後までできちんとして、はずかしくないようにする。

ことわざ

かえるの面《つら》に水《みず》

こらー
ちこく!!
ハァ
ハァ
ハァ
ろうかは
走《はし》らない!
授業中《じゅぎょうちゅう》に
ねるんじゃ
ないの
ドン
あれー
もう給食《きゅうしょく》
ですかぁ
こいつには
何を言っても
かえるの面に水
だな……

意味《いみ》 何《なに》を言《い》われても、どんなことをされても、ずうずうしく平気《へいき》でいることのたとえ。

使《つか》い方《かた》 列《れつ》にいつもわりこんでくるあきらくんは、何度注意《なんどちゅうい》してもかえるの面に水で、平気な顔《かお》をしている。

参考《さんこう》 水の中《なか》にすむ、かえるの顔に水をかけても、何《なん》とも思《おも》わず、平気であることから。

同 かえるの面へ水／かえるの面に小便《しょうべん》

類 馬耳東風《ばじとうふう》／ぬかに釘《くぎ》／のれんに腕押《うでお》し／豆腐《とうふ》にかすがい／馬《うま》の耳《みみ》に念仏《ねんぶつ》

慣用句

顔《かお》が広《ひろ》い

わたしの
宝物《たからもの》は
アイドル
もーみちゃんの
サインです
もへみちゃん
私の宝もの
ぼくのは
もっと
すごいぞ
大《だい》リーガー
とのツーショ
ット
映画《えいが》スターと
食事《しょくじ》のときの
スナップ写真《しゃしん》
あいつの
父《とう》さん
テレビ局《きょく》
の社長《しゃちょう》で顔が
広いんだ
かなわない
わね

意味《いみ》 多《おお》くの人《ひと》とつきあいがあり、知《し》り合《あ》いがたくさんいる。また、多くの人に知られている。

使《つか》い方《かた》 商店街《しょうてんがい》を歩《ある》くと、ほとんどの人たちに声《こえ》をかけられている陽子《ようこ》さんは、本当《ほんとう》に顔が広い。

「顔」のつく慣用句《かんようく》

顔がきく／信用《しんよう》があって、その人が顔を見《み》せるだけ、あるいはしょうかいだけでも、相手《あいて》が頼《たの》み事《ごと》をきいてくれる。

（「顔」がつく慣用句、ことわざは二八四ページも参照《さんしょう》）。

慣用句

かさにかかる

ピー
あーっと
守備《しゅび》の選手《せんしゅ》に
レッドカードです
ホーッ
チャンスだ
相手《あいて》は一人《ひとり》
少《すく》ないし
攻《こう》げき力《りょく》は
ないぞ
ドジュッ
かさにかかって
第一小《だいいちしょう》
後半《こうはん》十得点《じっとくてん》
です!!
ワーッ
0
10

意味《いみ》 ①相手《あいて》よりまさっているので、ますます勢《いきお》いにのる。②相手を力《ちから》でおさえつけようとする。

使《つか》い方《かた》 ①相手チームは選手《せんしゅ》が退場《たいじょう》になり、一人少《ひとりすく》なくなったので、かさにかかってせめ続《つづ》け、一気《いっき》にやっつけた。②相手の弱《よわ》みにつけこんで、かさにかかっておどすのはよくないことだ。

参考《さんこう》 「かさ」は、ものの大《おお》きさや分量《ぶんりょう》のこと、大きさや分量があることをたよりにして、相手をせめたり、おさえつけたりするという意味《いみ》から。

慣用句

かたずをのむ

タイガー
しんちょうに
バーディーパット
これを
入《い》れたら
優勝《ゆうしょう》が
決《き》まります
コン
ギャラリー
がかたずを
のんで
見守《みまも》って
います
ゴクリ
オーッ
オーッ
18
コトン

意味《いみ》 事《こと》のなりゆきがどうなるか、はらはらしながら見守《みまも》ること。

使《つか》い方《かた》 ドッジボール大会《たいかい》の決勝戦《けっしょうせん》は、実力《じつりょく》に差《さ》がなくて、どちらが勝《か》つかと全員《ぜんいん》がかたずをのんで見守った。

参考《さんこう》 「かたず」は、きんちょうしたときに口《くち》にたまってくるつばのこと。

「きんちょうする」意味の慣用句《かんようく》

息《いき》をこらす／**息をころす**／**息をつめる**／**息をのむ**／すべてきんちょうのあまり息を止《と》めたりおさえたりするようす。

気《き》をはりつめる

ことわざ

火中《かちゅう》の栗《くり》を拾《ひろ》う

あやまれ
ボカ
ボカ
悪《わる》いのはお前《まえ》だぞ
まあまあ二人《ふたり》とももうやめろよ
話《はな》せばわかるよぼくにめんじてケンカは終《お》わり！
わかったよそのかわり責任《せきにん》とってもらうよ
ハア
ハア
ハア
ハア
どーしてこうなるんだよ
火中の栗を拾うからだよ
ナカナオリ
あーすっきりした

意味《いみ》 人《ひと》の利益《りえき》のために、自分《じぶん》から進《すす》んで危険《きけん》をおかすたとえ。

使《つか》い方《かた》 火事《かじ》になったビルに取《と》り残《のこ》された少女《しょうじょ》を、助《たす》けに向《む》かった救助隊《きゅうじょたい》の行動《こうどう》こそ、火中の栗を拾うということばがぴったりだ。

参考《さんこう》 もともとは西洋《せいよう》のことわざ。さるがねこをおだてて、火の中にある栗を拾わせようとしたところ、栗がはねてねこが大《おお》やけどをしてしまったという、『イソップ物語《ものがたり》』の中《なか》の話《はなし》から。

「栗」のつくことわざ

桃《もも》栗三年《さんねん》柿《かき》八年《はちねん》

ことわざ

勝《か》ってかぶとの緒《お》をしめよ

シュート
決《き》まったー
十対《たい》〇と
大勝《たいしょう》です！
ラクな
試合《しあい》だった
な
このまま
決勝戦《けっしょうせん》も
いただき
だな
ばっかもーん
試合はそんなに
あまいもんじゃ
ないぞー
ガミ
ガミ
ガミ
勝ってかぶとの
緒をしめる
さすが名《めい》コーチ

意味《いみ》 敵《てき》に勝《か》っても油断《ゆだん》せずに気《き》を引《ひ》きしめなさい。ものごとがどんなに思《おも》いどおりに進《すす》んでも、決《けっ》して気をゆるめてはいけないという教《おし》え。

使《つか》い方《かた》 今回《こんかい》優勝《ゆうしょう》したチームにコーチは、勝ってかぶとの緒をしめよと言《い》って、次《つぎ》の全国大会《ぜんこくたいかい》に向《む》けてカツを入《い》れた。

参考《さんこう》 かぶとは昔《むかし》、戦《たたか》いのとき、兵士《へいし》が頭《あたま》を守《まも》るためにかぶったもの。戦いに勝っても、ゆるんだかぶとのひもはしめなおしておけ、油断するなよ、と兵士の気持《きも》ちを引きしめるときに使《つか》われたことば。

慣用句

かぶとをぬぐ

お 新入《しんい》りだな
かかってこい!
タタタ
たあ〜!
ズドーン
あゅ
降参《こうさん》しま〜す
もう かぶとを ぬぐの?

意味《いみ》 自分《じぶん》の負《ま》けをみとめてこうさんする。

使《つか》い方《かた》 晴美《はるみ》さんといっしょの班《はん》で「ごみの調査《ちょうさ》」をしたけれど、ごみを減《へ》らそうと熱心《ねっしん》に調査する彼女《かのじょ》のがんばりには、かぶとをぬいだ。

参考《さんこう》 「かぶと」は、武士《ぶし》がいくさのときに頭《あたま》を守《まも》るためにかぶったもの。昔《むかし》、戦《たたか》いに敗《やぶ》れた武士が、敵《てき》にこうさんの意思《いし》を示《しめ》すときには弓《ゆみ》を折《お》り、かぶとをぬいだ。このため、かぶとをぬぐことに、戦いに負けたことをみとめる意味《いみ》があることから。

ことわざ

かべに耳《みみ》あり障子《しょうじ》に目《め》あり

お約束《やくそく》のものでございます
いつも悪《わる》いのう
なんのなんの商売《しょうばい》のほうよろしくおねがいします
コレ大黒屋《だいこくや》声《こえ》が高《たか》い
かべに耳あり障子に目ありだぞ
ガラ
わっ
なんでわかったの？

意味《いみ》 どこでだれが聞《き》いているか、見《み》ているかわからないので、かくし事《ごと》やないしょ話《ばなし》はもれやすい。だから注意《ちゅうい》せよという教《おし》え。

使《つか》い方《かた》 学校《がっこう》の中《なか》で友達《ともだち》の悪口《わるくち》なんか言《い》ってちゃだめだよ。かべに耳あり障子に目ありで、だれが聞いているかわからないから。

参考《さんこう》 こっそりとないしょ話をしているつもりでも、かべに耳をつけて聞いている者《もの》や、障子に穴《あな》をあけて見ている者がいるかもしれないということから。

同 **壁《かべ》に耳／壁に耳障子に目／障子に目**

類 **石《いし》のもの言《い》う世《よ》の中《なか》**

ことわざ

果報《かほう》は寝《ね》て待《ま》て

今日《きょう》は合格通知《ごうかくつうち》が来《く》る日《ひ》なのにあの子《こ》ったら
心配《しんぱい》だワ
うろうろ
そんなにうろたえないでよ母《かあ》さん！
果報は寝て待てって言《い》うじゃない
郵便《ゆうびん》で〜す
ほんとに果報なのかしら？
ジ〜〜ッ
ドキドキ

意味《いみ》 幸運《こううん》を手《て》に入《い》れようと思《おも》っても、人《ひと》の力《ちから》ではどうなるものでもないので、あせらずゆっくり待て、という教《おし》え。

使《つか》い方《かた》 入学試験《にゅうがくしけん》が終《お》わったので、発表《はっぴょう》までのんびりしよう。果報は寝て待てというから、じたばたしてもはじまらない。

参考《さんこう》 「果報」は、幸運、しあわせのこと。

類 **待てば海路《かいろ》の日和《ひより》あり**／待っていれば、そのうちきっとよいことがあるということ。「海路の日和」は、船《ふね》の航行《こうこう》につごうがよい、海《うみ》のおだやかな日《ひ》。

慣用句

かゆいところに手《て》が届《とど》く

ナンマンダブ
ナンマンダブ〜
サッ
和尚様《おしょうさま》あせが…
なんと気《き》のきくやつじゃ
冷《つめ》たいお水《みず》です
今日《きょう》は暑《あつ》いですね
ポクポク
パタタ
おでかけ前《まえ》のお着《き》がえです
サッ
かゆいところに手が届くとはこのことじゃな

意味《いみ》 細《こま》かいところまでよく気《き》がつき、世話《せわ》が行《い》き届いているようす。

使《つか》い方《かた》 このホテルは、かゆいところに手が届くような細やかなサービスをしてくれる。

「かゆい」のつく慣用句《かんようく》・四字熟語《よじじゅくご》

痛《いた》くもかゆくもない／少《すこ》しも苦痛《くつう》にはならない。まったくえいきょうがない。

隔靴掻痒《かっかそうよう》／（くつの上《うえ》から足《あし》のかゆい所《ところ》をかく意《い》味《み》から）思《おも》うようにならず、じれったいこと。

ことわざ

枯《か》れ木《き》も山《やま》のにぎわい

こんどの町内祭《ちょうないまつ》りの仮装《かそう》パレード参加者少《さんかしゃすく》ないな
……
△▽町内青年会
こまりましたねぇ
しかたない少《すこ》しでも多《おお》くの人《ひと》に参加をよびかけよう!!
小《ちい》さい子《こ》やお年寄《としよ》りにも声《こえ》をかけるんだ
ゾロゾロ
仮装パレード会場あっち
ワイワイガヤガヤ
枯れ木も山のにぎわいだね

意味《いみ》　たとえつまらないものでも、ないよりはあったほうがましだ、ということのたとえ。

使《つか》い方《かた》　来週《らいしゅう》のピアノの発表会《はっぴょうかい》、枯れ木も山のにぎわいというから家族《かぞく》みんなで行《い》くよ。

参考《さんこう》　枯れた木でも、ないよりはあったほうが、山もにぎやかさがある、ということ。本来《ほんらい》は、自分《じぶん》のことを謙遜《けんそん》して使《つか》うことば。他人《たにん》に対《たい》して使うと失礼《しつれい》になる。

「枯れ木」のつく慣用句《かんようく》

枯れ木に花《はな》（咲《さ》く）

ことわざ

可愛《かわい》い子《こ》には旅《たび》をさせよ

お父《と》っつあん いつになったら このお店《みせ》を ゆずって くれるんだい
ばかもん お前《まえ》のような 未熟者《みじゅくもの》には 十年早《じゅうねんはや》い
シュン
大阪《おおさか》の おじさんの店で 五年《ごねん》の間《あいだ》 修業《しゅぎょう》してきなさい
可愛い子には 旅をさせよって やつですね

意味《いみ》 子どもが可愛いなら、親元《おやもと》で甘《あま》やかすのではなく、世《よ》の中《なか》に送《おく》り出《だ》して苦労《くろう》させたほうが、子どものためになる、という教《おし》え。

使《つか》い方《かた》 妹《いもうと》を夏休《なつやす》みのスポーツ合宿《がっしゅく》に行《い》かせるのを心配《しんぱい》していたら、「可愛い子には旅をさせよ」、よとおばあちゃんが言《い》った。

参考《さんこう》 今《いま》とちがって昔《むかし》の旅は不便《ふべん》で危《き》険《けん》も多《おお》かったことから、旅に出《で》ることが修業《しゅぎょう》の意味《いみ》をあらわしていた。

類 **可愛い子は打《う》って育《そだ》てろ／獅子《しし》の子落《お》とし**

故事成語

肝胆相照《かんたんあいて》らす

元気《げんき》かのォ
おお来《き》たか ひさしぶり
おい あれ
ひさしぶりにやるか
わしとあいつは 肝胆相照らす仲《なか》 何《なに》がしたいか 聞《き》かなくても わかるんだな
しょうぎなんかじゃねーよ あれだよ
え… あれ… あれって?

意味《いみ》 おたがいかくしごとをしないで、思《おも》いをすべてうちあけて親《した》しくつきあうたとえ。

使《つか》い方《かた》 祖父《そふ》と肝胆相照らす仲《なか》のお寺《てら》のおしょうさんに、町《まち》の昔《むかし》のことを聞《き》きに行《い》った。

参考《さんこう》 「肝胆」は、肝ぞうと胆のうで、心《こころ》の底《そこ》、真心《まごころ》の意味《いみ》。心の中《なか》まで照らし合《あ》い、見《み》せ合ってつき合う意味から。

「肝胆」のつく慣用句《かんようく》

肝胆をくだく／心をこめて苦心《くしん》したり、努力《どりょく》したりすることのたとえ。

慣用句

堪忍袋《かんにんぶくろ》の緒《お》が切《き》れる

宿題《しゅくだい》はすんだのかい？
後《あと》でネ
いってきまーす
宿題は
後でネ
宿…
あ・と・でー
いいかげんにしなさーい
とうとう堪忍袋の緒が切れたのネ

意味《いみ》 ずっとがまんしていたが、それ以《い》上《じょう》がまんできなくなり、いかりがばくはつする。

使《つか》い方《かた》 何回注意《なんかいちゅうい》しても、バスの中《なか》でさわいでいる子《こ》どもたちに、うちのお母《かあ》さんの堪忍袋の緒が切れた。

参考《さんこう》 「堪忍」は、がまんすること。「堪忍袋」は、がまんをたくさんためこむ広《ひろ》い心《こころ》。それが、いっぱいになって、しばっていたひも（緒）が切れてしまうこと。

「堪忍」のつくことわざ

ならぬ堪忍するが堪忍

慣用句

気《き》が置《お》けない

よっ 上《あ》がらせて もらうぜ
ドン
あれ 食事中《しょくじちゅう》 だったの ぼくも いただこうかな
明日早《あしたはや》いから 先《さき》にねかせて もらうね
あの人《ひと》とは よっぽど 気が置けない 仲《なか》なのね
えっ… 君《きみ》の友達《ともだち》 なんじゃないの
ガ〜ッ
グオーッ
ムニャムニャ

意味《いみ》 気を使《つか》ったり、えんりょしたりせずにいることができる。

使《つか》い方《かた》 良太《りょうた》くんとは子《こ》どものころから親《した》しい、気が置けない仲《なか》だ。

同 気の置けない

類 心《こころ》置きなく

参考《さんこう》 「気を置く」とは、気を使う、えんりょするという意味《いみ》。

気をつけよう 「気が置けない」を「気がゆるせない」、または「油断《ゆだん》できない」などの意味で使うのはあやまり。「気がゆるせない」意味は、「気が置ける」。

四字熟語

危機一髪《ききいっぱつ》

観念《かんねん》せい
もうにげられんぞ
キャ〜〜ッ
待《ま》てい！
かよわい女《おんな》に
何《なに》をする
ありがとう
ございます
危機一髪
助《たす》かりました
礼《れい》には
およばん
早《はや》く行《い》け！
ありがとう
おっちょこ
ちょいさん
へへへへ…
待て！
あれは
女スリだ
?

意味《いみ》 非常《ひじょう》に危険《きけん》なことが、となり合《あ》わせにあるようなきわどい状態《じょうたい》のこと。

使《つか》い方《かた》 父《ちち》の車《くるま》が交差点《こうさてん》で、横《よこ》から来《き》た車に出合《であ》い頭《がしら》にぶつかりそうになったが、危機一髪でのがれた。

参考《さんこう》 「一髪」は、一本《いっぽん》の髪《かみ》の毛《け》のこと。危険が、わずか髪の毛一本くらいの、間近《まぢか》なところまでせまっている、という意味《いみ》。

気をつけよう 「一髪」を「一発《いっぱつ》」と書《か》きまちがえないように注意《ちゅうい》する。

「髪」のつく慣用句《かんようく》
間《かん》一髪／間髪《かんはつ》を入《い》れず

ことわざ

聞《き》くは一時《いっとき》の恥《はじ》、聞かぬは一生《いっしょう》の恥

お兄《にい》ちゃん何《なに》やってるの
インターネットゲームおもしろいんだ
お父《とう》さんインターネットわたしに教《おし》えて
くだらんそんなものお母《かあ》さんに聞《き》きなさい
ちょうどいいわ今夜《こんや》の料理《りょうり》レシピをインターネットでさがしてたところなの
とてもかんたんなのよ
聞くは一時の恥聞かぬは一生の恥
母さんわしにもインターネット教えてくれ

意味《いみ》 知《し》らないことを人《ひと》に聞くのは、そのときだけはずかしい思《おも》いをすればすむが、知らないことを聞かずに過《す》ごしてしまうと、一生はずかしい思いをする。だから、わからないことは、はずかしがらずにすぐ人に聞きなさいという教《おし》え。

使《つか》い方《かた》 聞くは一時の恥、聞かぬは一生の恥というから、ぼくはわからないことがあったら、えんりょなくだれにでも聞くようにしているよ。

同 **聞くは一時の恥**

類 **問《と》うは当座《とうざ》の恥、問わぬは末代《まつだい》の恥**

き

慣用句

帰心矢《きしんや》のごとし

あてもない旅《たび》に
出《で》て三年《さんねん》…
遠《とお》くへ来《き》たなぁ
旅《たび》の方《かた》
よかったら
うちへ泊《と》まって
いきなされ
ええ！
いいんですか
な～んもないが
た～んと
めしあがれ
田舎《いなか》の
おふくろ
みたいだなァ
帰心矢のごとし
帰《かえ》ったよ
オフクロ
あらま

意味《いみ》 ふるさとや家《いえ》に早《はや》く帰《かえ》りたいという気持《きも》ちが、ひじょうに強《つよ》いことのたとえ。

使《つか》い方《かた》 テレビでなつかしい故郷《こきょう》の映像《えいぞう》を見《み》ていると、帰心矢のごとし、すぐにも帰りたくなった。

参考《さんこう》 「帰心」とは、家やふるさとに帰りたいと思《おも》う心《こころ》。飛《と》んでいる矢のように、ぴゅーっと早く帰りたい、という気持ちを矢にたとえたもの。速《はや》いもの・ことをあらわすのに、矢にたとえることが多《おお》い。

「矢」のつく慣用句《かんようく》

光陰《こういん》矢のごとし／月日《つきひ》がたつのが早いこと。

ことわざ

きつねとたぬき

意味《いみ》 人《ひと》をじょうずにだます、ずるがしこい者《もの》どうしのこと。

使《つか》い方《かた》 おたがいに作戦《さくせん》にすぐれたプロ野球《やきゅう》のベテラン監督《かんとく》の二人《ふたり》は、きつねとたぬきと言《い》われている。

参考《さんこう》 昔《むかし》、きつねとたぬきはずるがしこく、人をだます動物《どうぶつ》だと考《かんが》えられていたことから。

類 **きつねとたぬきの化《ば》かし合《あ》い**／ずるいものどうしがだまし合いをすること。

「たぬき」のつく慣用句《かんようく》
たぬき寝《ね》入《い》り （↓二九二ページ参照《さんしょう》）

おお
これは
これは
あいかわらず
あくどい
ようですな
タヌキ屋《や》さん
ホホ
ホホ
ワハハハハ
なんのなんの
キツネ屋《や》さんの
ずるさには
負《ま》けるがな
きつねとたぬきの
化《ば》かし合《あ》い
おそろしい…
ワハハハハ
オホホホホ

慣用句

肝《きも》が太《ふと》い

おい　そこは おれたちの 場所《ばしょ》だ　どけよ
そんなー ぼくたち 朝《あさ》から場所 とりして たのに
どけよ
何《なに》よあんたたち 六年生《ろくねんせい》のくせに いばるんじゃ ないの
まずい 先生《せんせい》だ
おい いこうぜ
あら にげる気《き》 かかってら っしゃい
肝が 太い子《こ》だ

? 意味《いみ》 度胸《どきょう》があって、おそれたりあわてたりすることのないようす。

使《つか》い方《かた》 泣《な》き虫《むし》の妹《いもうと》は、暗《くら》い所《ところ》をこわがらないので、意外《いがい》なところで肝が太い。

参考《さんこう》 「肝」とは、勇気《ゆうき》、気力《きりょく》などの精《せい》神力《しんりょく》、という意味《いみ》。「肝っ玉《たま》が太い」とも言《い》う。

同 **肝が大《おお》きい**

類 **肝が据《す》わっている**／度胸があって、おどろいたり、あわてたりしないようす。

反対の意味 **肝が小《ちい》さい**／度胸がなく、思《おも》いきったことができない性格《せいかく》。

慣用句

九死《きゅうし》に一生《いっしょう》を得《え》る

わー
ズル
足《あし》をすべらせた
ボヨン
くまが気絶《きぜつ》してぼくが助《たす》かった
こういうのを九死に一生を得るというんだな
ツン ツン

意味《いみ》 とうてい助《たす》からないと思《おも》われるほど危険《きけん》なじょうたいから、奇跡的《きせきてき》に助かるたとえ。

使《つか》い方《かた》 少年《しょうねん》は、川《かわ》で流《なが》されておぼれかかったが、近《ちか》くにいたボートに助けられ、九死に一生を得た。

参考《さんこう》 命《いのち》の助かる見《み》こみが十《じゅう》のうち一《ひと》つくらいしかないきびしい状況《じょうきょう》の中《なか》で、なんとか助かるという意味《いみ》から。

同 九死一生／九死を出《い》でて一生を得る／九死の中から一生を得る

類 万死《ばんし》の中に一生を得《う》

四字熟語

漁《ぎょ》夫《ふ》の利《り》（漁夫之利）

ここはおれ様《さま》のナワバリだ
どけよ
お前《まえ》こそどけよ
どかないとひどいめにあうぞ
こっちのセリフだ
ガシャガシャ
お兄《にい》ちゃん今日《きょう》はすごいねクワガタとカブト虫《むし》いっぺんにとれたね

意味《いみ》 二人《ふたり》が利益《りえき》をめぐって争《あらそ》っているすきに、別《べつ》の人《ひと》がその利益を横取《よこど》りすることのたとえ。

使《つか》い方《かた》 ショートケーキのいちごの大《おお》きさをめぐって、兄弟《きょうだい》げんかをしているすきに、幼《おさな》い妹《いもうと》が、いちごを二《ふた》つとも食《た》べてしまった。まさに漁夫の利をしめられた。

参考《さんこう》 シギという鳥《とり》が、はまぐりを食べようとして共《とも》に争っていたところへ、漁師《りょうし》（＝漁夫）が来《き》て、両方《りょうほう》ともつかまえてしまった、という中国《ちゅうごく》の古《ふる》い話《はなし》から。「漁父の利」とも書《か》く。

ことわざ

木《き》を見《み》て森《もり》を見ず

あ
さる
ウキ
子《こ》ざるだね
迷《まよ》ったのかな
人間世界《にんげんせかい》はあぶないから山《やま》へ帰《かえ》りなさい
かわいいね
おかしあげる
ウキキ
ウキ
ウキキ
一人《ひとり》でこんな所《ところ》に来《き》ちゃだめだよ

意味《いみ》 ものごとの細《こま》かいところばかりに気《き》をとられて、全体《ぜんたい》がどうなっているのか見《み》失《うしな》うことのたとえ。

使《つか》い方《かた》 学園祭《がくえんさい》の準備《じゅんび》は、一人《ひと》ひとりの役割《やくわり》や方針《ほうしん》について毎日《まいにち》のように話《はな》し合《あ》っている。しかし準備そのものは少《すこ》しも進《すす》まないので、木を見て森を見ずの議論《ぎろん》だ。

参考《さんこう》 一本《いっぽん》の木にこだわりすぎて、森全体のようすを見落《みお》としてしまうことから。もとは西洋《せいよう》のことわざ。

類 **鹿《しか》をおう者《もの》（猟師《りょうし》）は山《やま》を見ず／木《こ》っぱを拾《ひろ》って材木《ざいもく》を流《なが》す**

ことわざ

苦《く》あれば楽《らく》あり楽あれば苦あり

キリギリスさんは
いつも
ゆうがで
うらやましい
せっせ
せっせ
アリさん
もっと人生《じんせい》
楽《たの》しまないと
今《いま》はいいけど
あとでこまる
から
半年後《はんとしご》——
苦あれば
楽あり
だね
楽あれば
苦あり
ああどこにも
食《た》べるものが
ない

意味《いみ》

苦労《くろう》のあとには、必《かなら》ず楽《たの》しいことがやってくるし、楽《らく》をしたあとには、苦《くる》しいことがやってくるものだということのたとえ。

使《つか》い方《かた》

夏《なつ》の庭《にわ》の草取《くさと》りはつらいものだが、やるとさっぱりするし、やらないと草ぼうぼうになるしで、苦あれば楽あり、楽あれば苦ありだ。

同 **楽あれば苦あり苦あれば楽あり**

類 **楽は苦の種《たね》苦は楽の種**

「苦」のつく慣用句《かんようく》

苦しいときの神頼《かみだの》み

慣用句

ぐうの音《ね》も出《で》ない

よーし そこの ちっちゃいの 相手《あいて》になって やる
え？ わたし …
なんだ 女《おんな》の子《こ》か
手《て》かげん してやるよ
それには およびません！
しまったァ ぐうの音も出ない じゃないか
ズシン

意味《いみ》 まちがいや、悪《わる》いところを人《ひと》に言《い》われて、一言《ひとこと》も言い返《かえ》せないようす。

使《つか》い方《かた》 ぼくは、口《くち》の達者《たっしゃ》な女《おんな》の子《こ》と言い合《あ》いになり、ぐうの音も出なかった。

参考《さんこう》 「ぐうの音」は、息《いき》がつまったときに、のどの奥《おく》のほうから出る、苦《くる》しそうなうめき声《ごえ》のこと。その苦しい声《こえ》すら出《だ》せないということから。

「てってい的《てき》にやられる」意味《いみ》をあらわす慣《かん》用句《ようく》

完膚《かんぷ》なきまでに／きずを受《う》けないところがないまでにの意味から、てってい的に。

慣用句

釘《くぎ》をさす

今日《きょう》は
道草《みちくさ》しないで
まっすぐ帰《かえ》って
くるのよ
はーい
あそんで
いこー
今日はダメ
帰る
シーーン
ただいまー
ごめんなさい
あんなに
釘をさしといて
ママが道草しちゃ
ったね
グス

意味《いみ》 あとでまちがいがおこらないように、あらかじめ注意《ちゅうい》して念《ねん》をおしておくようす。

使《つか》い方《かた》 おばあちゃんの家《いえ》まで自転車《じてんしゃ》で行《い》こうとしたら、お母《かあ》さんにスピードを出《だ》しすぎないように釘をさされた。

参考《さんこう》 釘を打《う》ちつけて物《もの》を固定《こてい》しておく意味《いみ》から。

同 釘をうつ

「釘」のつく慣用句《かんようく》

釘が利《き》く／釘がこたえる／釘の裏《うら》を返《かえ》す／釘付《づ》けになる

ことわざ　くさい物《もの》にふたをする

意味《いみ》　人《ひと》に知《し》られてはこまることを、そのときだけごまかしてかくすたとえ。

使《つか》い方《かた》　ちらかり放題《ほうだい》のきたない部屋《へや》に、急《きゅう》に友達《ともだち》が遊《あそ》びに来《き》たので、くさい物にふたをするで、おもちゃも本《ほん》もぜんぶおし入《い》れに入れてむかえ入れた。

参考《さんこう》　くさい物にふたをしておけば、そのときだけくさいにおいがせずに、人にばれない。しかし、すてなければ、またにおいがしてしまい、一時《いちじ》しのぎにすぎないということから。

同　**くさい物にふた**

慣用句

口《くち》が減《へ》らない

ケン太郎《たろう》！
バン
あ まずい
マンガ読《よ》んでるのなら早《はや》くねなさい
やだな～ これから宿題《しゅくだい》やるところだったのに！
そ… そうなの
今夜《こんや》はてつ夜《や》だから休《きゅう》けいしてたんだよ
口が減らない あの子《こ》にはどうつめよってもかわされてしまう
あ お母《かあ》さん お夜食《やしょく》おねがいね

意味《いみ》 へりくつや勝手《かって》なことばかり言《い》うようす。

使い方《つかいかた》 あの人《ひと》は、ああ言えばこう言うで、ちっとも口が減らない男《おとこ》だ。

類 **減らず口《ぐち》をたたく**／「減らず口」とは強《つよ》がりや、負《ま》けおしみを言うこと。「たたく」は、そのようなことばを言ったり口のきき方《かた》をしたりするという意味《いみ》。

「口」のつく慣用句《かんようく》

口車《くちぐるま》に乗《の》せられる／口先《くちさき》だけのうまい話《はなし》に乗せられる。

（口のつく慣用句は二八六ページも参照《さんしょう》）

慣用句

くもの子《こ》を散《ち》らすよう

先生《せんせい》がおくれるので一時間目《いちじかんめ》は自習《じしゅう》です
やったー！っ
ガヤガヤ
ワイワイ
先生が来《き》たぞー
サーーッ
くもの子を散らすようだ！

意味《いみ》 集《あつ》まっていた大勢《おおぜい》の人《ひと》が、あることをきっかけにいっせいに、あちこちに散らばるようす。

使い方《つかいかた》 自習《じしゅう》の時間《じかん》、クラス中《じゅう》でさわいでいたら、先生《せんせい》が見《み》まわりにやってきた。みんなは、くもの子を散らすように席《せき》にもどった。

参考《さんこう》 くもの子の入《はい》ったふくろをやぶると、たくさんのくもの子が、いっせいに出《で》てきて、あっちこっちに散っていくことからできたことば。

類 算《さん》を乱《みだ》す

慣用句

雲《くも》をつかむよう

どうしていつもこんな点数《てんすう》しか取《と》れないの
わかったよちゃんと説明《せつめい》するね
あるときぼくはUFO《ユーフォー》とそうぐうしたんだ
宇宙船《うちゅうせん》の中《なか》でぼくは脳《のう》の改造《かいぞう》をうけ それ以来《いらい》小学校《しょうがっこう》のテストはさっぱりなんだ
ビビビビ
そんな雲をつかむような話《はなし》だれが信《しん》じるものですか
ほんとだよほんと信じてよー

意味《いみ》 ぼんやりしていて、どんなふうに考《かんが》えたらよいかわからないようす。ばくぜんとしているようす。

使《つか》い方《かた》 ぼくは、将来《しょうらい》何《なに》をしたいのか、何になりたいのか、まだ雲をつかむようで、よくわからないんだ。

参考《さんこう》 雲を手《て》でつかむなんてできない、ということから。

「雲」のつく慣用句《かんようく》

雲をかすみと／あっという間《ま》ににげて、姿《すがた》をくらますようす。

雲をつく／ひじょうに丈《たけ》が高《たか》いようす。

慣用句

食《く》わずぎらい

ママ今日《きょう》のカレーとってもおいしいね
体《からだ》にいいからラッキョウも食《た》べなさい
ラッキョウはくさいから食べられないんだ
こまったものねあなたの食わずぎらいも……
お父《とう》さんといっしょなんだから
わしはラッキョウだけでごはん食べられるぞ
でもカレーが食わずぎらいなんだよね

意味《いみ》 ①食《た》べてみもしないで、きらいと決《き》めて食べないこと。②じっさいのことを知《し》らずにきらっていること。

使《つか》い方《かた》 ①弟《おとうと》は、食わずぎらいで納豆《なっとう》を食べたことがない。②姉《あね》は食わずぎらいなところがあり、ある作家《さっか》のまんがだけは読《よ》もうともしない。

同 ①**食べずぎらい**

「食う」のつく慣用句《かんようく》

食うか食われるか／相手《あいて》をたおすか自分《じぶん》がたおされるか、命《いのち》がけでたたかうようす。

食えない（やつ）／油断《ゆだん》できない（やつ）。

ことわざ

芸《げい》は身《み》を助《たす》ける

ヒュ〜〜ッ
か会社《かいしゃ》が倒産《とうさん》してしまった
ポロン
ポロン
ひまでやることないから昔習《むかしなら》ったウクレレでも弾《ひ》いて心《こころ》をなぐさめよう
あら〜ん やんなっちゃった
んっ この音色《ねいろ》……
ウクレレライブ
プロデューサーに見出《みいだ》されてデビュー お金《かね》も入《はい》ったし 芸は身を助けるだなあー

意味《いみ》 趣味《しゅみ》で習《なら》い覚《おぼ》えたわざが、生活《せいかつ》の役《やく》にたったり、こまったときにそれでお金《かね》をかせぐことができたりする。

使《つか》い方《かた》 彼女《かのじょ》は、会社《かいしゃ》を辞《や》めたとき、長《なが》い間《あいだ》習っていたピアノのおかげで、楽団《がくだん》に入《はい》ることができた。芸は身を助けるとはこのことだ。

参考《さんこう》 「芸」は、もともと唄《うた》や三味線《しゃみせん》、踊《おど》りなどのこと。

反対の意味 芸は身のあだ

「芸」のつく慣用句《かんようく》

芸が細《こま》かい／芸がない

慣用句

けがの功名《こうみょう》

カタン
どうしよう
カレーに
しょうゆが
入《はい》っちゃった
ええい
かきまぜ
ちゃえば
わからないわ
お母《かあ》さん
この
カレー
いつもと
ちがう
やっぱり
……
和風《わふう》で
おいしいね
けがの
功名だわ

意味《いみ》 まちがってやってしまったことや、何気《なにげ》なくしたことが、ぐうぜんよい結果《けっか》を生《う》むこと。

使《つか》い方《かた》 飛行機《ひこうき》に乗《の》りおくれたのが、けがの功名《こうみょう》で、代《か》わりに乗った飛行機の機内《きない》で、大好《だいす》きな歌手《かしゅ》に出会《であ》った。

参考《さんこう》 「けが」は失敗《しっぱい》、あやまち、「功名」は、てがらの意味《いみ》。

類 **過《あやま》ちの功名**

「功」のつく慣用句《かんようく》

功成《な》り名《な》をとげる／すぐれた仕事《しごと》をして、てがらやめいよを得《え》る。

慣用句

犬猿《けんえん》の仲《なか》

お前《まえ》なんかこの町《まち》からいなくなっちまえ
なにお お前のほうこそ
二人《ふたり》ともみっともないからケンカはやめて
どうしてお父《とう》さんたちはあんなに仲《なか》が悪《わる》いのかしら
しょうがないね 先祖代々《せんぞだいだい》ぼくたちの家《いえ》は犬猿の仲だから
でもわたしはちがうわロミオ
ぼくだって君《きみ》が好《す》きだよジュリエット

意味《いみ》 ひじょうに仲が悪《わる》いことのたとえ。

使《つか》い方《かた》 ぼくは、ある事件《じけん》をきっかけに、仲よしだった幼《おさな》なじみと犬猿の仲になってしまった。

参考《さんこう》 「犬猿」とは、「犬《いぬ》」と「猿《さる》」のこと。昔から犬と猿は、仲が悪いとされていることから。

同 **犬と猿**

類 **水《みず》と油《あぶら》**／水と油がとけあわないように性《せい》格《かく》が合《あ》わなくて、関係《かんけい》がしっくりしないことのたとえ。

故事成語

紅一点《こういってん》

意味《いみ》 男性《だんせい》ばかりのところに、女性《じょせい》が一人《ひとり》だけいるさま。またその女性のたとえ。

使《つか》い方《かた》 空手教室《からてきょうしつ》では、のり子《こ》さんは紅一点でがんばっている。

参考《さんこう》 中国《ちゅうごく》の宋《そう》の時代《じだい》の詩人《しじん》である王安石《おうあんせき》という人《ひと》が、ざくろの花《はな》をよんだ詩のなかにある、「万緑叢中紅一点《ばんりょくそうちゅうこういってん》（一面《いちめん》の緑《みどり》の草《くさ》むらのなかに赤《あか》い花が一《ひと》つある）」ということばから。

「紅」のつく慣用句《かんようく》

紅顔《こうがん》の美少年《びしょうねん》／年《とし》が若《わか》く、顔《かお》の色《いろ》つやのよくて姿形《すがたかたち》のよい少年。

慣用句

甲乙《こうおつ》をつけがたい

こ

この作品《さくひん》はとても華《はな》やかだしー
こちらはとても独創的《どくそうてき》ですばらしいー
優勝《ゆうしょう》はどちらがふさわしいか？
どちらもすばらしい
○○流生け花コンテスト
採点《さいてん》の結果《けっか》甲乙をつけがたいということで両者《りょうしゃ》優勝となりました

意味《いみ》　二《ふた》つのものの順位《じゅんい》をつけるとき、どちらもすぐれていて決《き》められないようす。

使《つか》い方《かた》　二人《ふたり》の読書感想文《どくしょかんそうぶん》は、どちらもすばらしく、甲乙をつけがたい出来《でき》だった。

参考《さんこう》　昔《むかし》の成績《せいせき》などのつけ方《かた》で、「甲」「乙」「丙《へい》」「丁《てい》」という順番《じゅんばん》があった。「甲」は一番《いちばん》、「乙」は二《に》番。どちらも優秀《ゆうしゅう》なので、順番をつけるのがむずかしいということから。

同　**甲乙つけがたい**

「乙」のつく慣用句《かんようく》

乙にすます／いつもとちがうまじめな顔《かお》つきをする。

ことわざ

郷《ごう》に入《い》っては郷に従《したが》え

これがわたしたちのおがむ神様《かみさま》です
おがむときは一回《いっかい》まわって土下座《どげざ》します
さ どうぞ
おれは日本人《にほんじん》だからやらないよ
え
え～!!
この島《しま》では神《かみ》をあがめないものには食事《しょくじ》はありません
そんなぁ
郷に入っては郷に従えさ

意味《いみ》 知《し》らない場所《ばしょ》に行《い》って暮《く》らすときは、その地方《ちほう》ならではのしきたりやならわしがあるから、それにしたがって生活《せいかつ》したほうがよい、という教《おし》え。

使《つか》い方《かた》 郷に入っては郷に従えで、転校《てんこう》した新《あたら》しい学校《がっこう》では、その学校のしきたりにならうのが、早《はや》くなじむコツだ。

参考《さんこう》 「郷」は、村《むら》や地方を意味《いみ》することば。

英語《えいご》にも似《に》た意味のことわざがある。

When《ウェン》 in《イン》 Rome《ローマ》, do《ドゥ》 as《アス》 the《ザ》 Romans《ローマンズ》 do《ドゥ》.

（ローマにいる時《とき》は、ローマ人《じん》のするようにせよ）

慣用句

心《こころ》をうばわれる

あら
すてき
心をうばわれるような宝石《ほうせき》だわ
ねぇ
あなた
どきっ
わたしは
さいふを
うばわれた

意味《いみ》 あるものごとに夢中《むちゅう》になって、そのことばかり考《かんが》えるようになる。

使《つか》い方《かた》 キャンプファイヤーの夜《よる》に初《はじ》めて見《み》た、空一面《そらいちめん》のふるような星《ほし》に心をうばわれた。

類 **我《われ》をわすれる**

「心」のつく慣用句《かんようく》

心がはずむ／うれしくて気持《きも》ちがうきうきする。

心にとめる／気《き》にかけて忘《わす》れないようにする。

心もとない／たよりなくて心配《しんぱい》だ。

慣用句

腰《こし》が低《ひく》い

意味《いみ》 人《ひと》に対《たい》して、ていねいで、いばらない態度《たいど》をとること。へりくだったようすのこと。

使《つか》い方《かた》 近所《きんじょ》の八百屋《やおや》のおじさんは、子《こ》どものぼくにも腰が低くてとても愛想《あいそう》がいい。

校長先生《こうちょうせんせい》おはようございます
はい
おはようございます
すいませーん
なんの練習《れんしゅう》？がんばりなさい
本日《ほんじつ》はおいそがしいところありがとうございます
PTA役員会
腰が低い校長先生ねエ
ズキン
腰が低いのもラクじゃないな

「腰」のつく慣用句《かんようく》

腰がある／うどんなどに弾力《だんりょく》がある。

腰がぬける／ひじょうにおどろいて立《た》てなくなる。

腰ぎんちゃく／つねにある人の側《そば》をはなれずに、つきしたがっているようす。

故事成語

五十歩百歩《ごじっぽひゃっぽ》

テストを返《かえ》します
また母《かあ》ちゃんにおこられる
ガ〜ン
おれなんかお前《まえ》の倍《ばい》の五十点《ごじってん》とったぞ!
ど〜だ
うらやましい
しょせん君《きみ》たちは五十歩百歩!ぼくは満点《まんてん》さ
ケ〜
イヤなやつ

意味《いみ》 多少《たしょう》の差《さ》はあっても、似《に》たりよったりで、たいしたちがいはないこと。

使《つか》い方《かた》 欲《ほ》しいデジタルカメラは、どこの店《みせ》も五十歩百歩の値段《ねだん》で売《う》られていたので、サービスのよい店で買《か》うことにした。

参考《さんこう》 戦《たたか》いのとき、よろいをすててにげ出《だ》した者《もの》がいた。このとき五十歩にげた者が、百歩にげた者をおくびょう者と笑《わら》ったが、どちらもにげたことには変《か》わりない、ということ。中国の『孟子《もうし》』という書物《しょもつ》の中《なか》の話《はなし》から。

類 **目《め》くそ鼻《はな》くそをわらう／大同小異《だいどうしょうい》**

四字熟語

五里霧中《ごりむちゅう》

もう ゴールは 近《ちか》いはずだ
ガサ
スタート
右《みぎ》か
左《ひだり》か
ああ 五里霧中で まったく わかんないや
どっち なんだ
ゴール

意味《いみ》 ものごとのようすが見《み》えず、どうしたらよいか迷《まよ》うことのたとえ。

使い方《つかいかた》 この事件《じけん》はわからない点《てん》が多《おお》すぎて、五里霧中の状態《じょうたい》だ。

参考《さんこう》 昔《むかし》、中国《ちゅうごく》に、魔法《まほう》で五里（中国でおよそ二・五キロメートル）四方《しほう》の霧《きり》を起《お》こすことができる人《ひと》がいた。人びとがその中《なか》に入《はい》ると何《なに》も見《み》えず、どこに向《む》かっているのかわからなかったという話《はなし》から。「五里霧の中《なか》」という。

気をつけよう 「五里夢中」と書《か》きまちがえないよう注意《ちゅうい》。

ことわざ

転《ころ》ばぬ先《さき》の杖《つえ》

なんだい
その大《おお》げさな
カッコウは!!
低《ひく》い山《やま》だし
お天気《てんき》もいい
楽《らく》なハイキングだぜ
転ばぬ先の杖!
山はいつ雨《あめ》が
ふるとも
かぎらない
からね
がんこだな
こんなに晴《は》れて
いるのに
あっ
雨だ!
だからね
はい予備《よび》の
雨《あま》ガッパ
貸《か》してやるよ

意味《いみ》 失敗《しっぱい》しないように、ものごとをする前《まえ》に、よく注意《ちゅうい》することが大切《たいせつ》だというたとえ。

使《つか》い方《かた》 転ばぬ先の杖で、父《ちち》は出《で》かける前、空模様《そらもよう》を見《み》て折《お》りたたみがさを持《も》って出かけた。

参考《さんこう》 転んでからではおそいから、転ぶ前に用心《ようじん》して杖をつきなさい、という意味《いみ》のことば。

同 **倒《たお》れぬ先の杖**

類 **濡《ぬ》れぬ先の傘《かさ》／念《ねん》には念を入《い》れる**（注意したうえにさらに注意をかさねる）

慣用句　転《ころ》んでもただでは起《お》きない

パパ
一匹《いっぴき》も
つれなかったね
こんな日《ひ》も
あるさ
帰《かえ》るか
おかえりー
どうだった
お魚《さかな》たくさん
つれたの？
ぜ～んぜん
その
かわり
エサのアミ
あまったから
夕食《ゆうしょく》にかきあげ
なんかどう
だろ
おいしい
アミのカキアゲ
ワーイ
かきあげ
かきあげ
転んでも
ただでは起きない
父《ちち》と子《こ》であった

意味《いみ》　たとえ失敗《しっぱい》しても、その失敗からも、しぶとく利益《りえき》を得《え》ようとすることのたとえ。欲《よく》が深《ふか》いさま。

使《つか》い方《かた》　ぼくのいとこは、転んでもただでは起きない性格《せいかく》だから、友達《ともだち》が少《すく》ないらしい。

参考《さんこう》　転んでも、そこにあるものを必《かなら》ずつかんで起き上《あ》がる、という意味《いみ》から。欲の深い者《もの》をばかにしていうことば。

同　**転んでもただでは起きぬ**

類　**倒《たお》れても土《つち》をつかむ**

故事成語

塞翁《さいおう》が馬《うま》

さ

大事《だいじ》にしていた自転車《じてんしゃ》をぬすまれた
ない!!
前《まえ》よりずっといい自転車《じてんしゃ》を買《か》ってもらった
調子《ちょうし》にのって走《はし》ってころんでケガをした
ゴン
通《とお》りかかった好《す》きな子《こ》にケガの手当《てあ》てをしてもらった

意味《いみ》 人生《じんせい》の幸《しあわ》せや不幸《ふこう》は、前《まえ》もってわかることではない。だから今《いま》の状態《じょうたい》を喜《よろこ》んだり悲《かな》しんだりしてはいけないというたとえ。

使《つか》い方《かた》 人生は塞翁が馬なのだから、不幸な目《め》にあったからといって、悲しんでばかりいてはいけない。

参考《さんこう》 昔《むかし》、とりで（塞）の近《ちか》くに住《す》んでいた老人《ろうじん》（翁）の馬がにげたが、しばらくして、足《あし》の早《はや》い馬をつれて帰《かえ》ってきた。ところが、老人の息子《むすこ》は、馬から落《お》ちて骨折《こっせつ》してしまった。しかし、そのため戦《たたか》いに行《い》かず、ぶじだったという、中国《ちゅうごく》の故事《こじ》から。

ことわざ

さいは投《な》げられた

この間《あいだ》の仕返《しかえ》しに……
ザク
ザク
あいつを落《お》とし穴《あな》に入《い》れてやる
フフフ
ワクワク
まずいっ先生《せんせい》といっしょだ
どうしようでも もうさいは投げられたんだ
わっだれだこんな所《ところ》に落とし穴ほったのは!!
ボコ
あとできっちりおこられるなぁ…

? 意味《いみ》 こういうことになった以上《いじょう》、心《こころ》を決《き》めて実行《じっこう》するほかはない、というたとえ。

使《つか》い方《かた》 さいは投げられた。立候補《りっこうほ》した学級委員選挙《がっきゅういいんせんきょ》の当選《とうせん》に向《む》けてがんばるしかない。

参考《さんこう》 「さい」はサイコロのこと。勝敗《しょうはい》を決めるサイコロはすでに振《ふ》られたという意味《いみ》。昔《むかし》、ルビコン川《がわ》をわたり、ローマを攻《せ》める決心《けっしん》をしたカエサルが言《い》ったとされる。ルビコン川を武装《ぶそう》してわたることは禁《きん》じられており、これを破《やぶ》れば戦《たたか》いを始《はじ》めることを意味した。

故事成語 先《さき》んずれば人《ひと》を制《せい》す

明日《あす》は
早起《はやお》きしてね
お花見《はなみ》なんだ
からね
ハーイ
ワーイ
お花見お花見
おじいちゃんも
早起きするんだよ
よーし
わしも
協力《きょうりょく》するぞ
お母《かあ》さん
早く
早く
ハイ
ハイ
あ
おじい
ちゃん
とまってたの
先んずれば
人を制すだよ

意味《いみ》 人《ひと》より先《さき》にやりはじめたほうが、有利《ゆうり》な立場《たちば》で相手《あいて》をおさえてものごとを進《すす》めることができる。

使《つか》い方《かた》 先んずれば人を制す、ということばを信《しん》じて、野球大会《やきゅうたいかい》でわたしたちのチームは先攻《せんこう》を選《えら》んだ。

参考《さんこう》 中国《ちゅうごく》の前漢《ぜんかん》の時代《じだい》に司馬遷《しばせん》が書《か》いた『史記《しき》』という歴史書《れきししょ》にある話《はなし》から。

類 **機先《きせん》を制する**／**早《はや》いが勝《か》ち**／**先手必勝《せんてひっしょう》**

反対の意味 **急《せ》いてはことを仕損《しそん》じる**／あせると物事《ものごと》は失敗《しっぱい》しやすいので、急《いそ》ぐときほど落《お》ちついてやれ、ということ。

慣用句

さじを投《な》げる

意味《いみ》 ①病気《びょうき》が治《なお》る見《み》こみがないと判断《はんだん》して、医者《いしゃ》が病人《びょうにん》を見はなすたとえ。②どれだけやってもうまくいかず、よくなるようすもないので、あきらめるたとえ。

使《つか》い方《かた》 ①母《はは》は医者に**さじを投げ**られた父《ちち》をかん病《びょう》して、みごとに治してしまった。

②何回《なんかい》やっても、同《おな》じところで計算《けいさん》まちがいをしてしまい、いらいらして**さじを投げ**そうになった。

参考《さんこう》 医者が、薬《くすり》をまぜ合《あ》わせるためのさじ（スプーン）を、投げすててしまい、患者《かんじゃ》を見はなすことから。

どこも悪《わる》くない
どうじゃな？殿《との》の具合《ぐあい》は
わたしにはしん断《だん》のつけようがござらん失礼《しつれい》する
ようわからん
名医《めいい》どのがさじを投げたそんなに悪いのか
ひめ～
まさか恋《こい》のやまい？

ことわざ

猿《さる》も木《き》から落《お》ちる

あの人《ひと》 弓《ゆみ》の名人《めいじん》の 与一《よいち》さまよ 百発百中《ひゃっぱつひゃくちゅう》
……
ねらった えものは 外《はず》さないん だって！ ステキ～
スカッ
ハズ～レ～
あら 外しちゃった わよ!!
猿も木から 落ちる！
トホホホホ

意味《いみ》 どんな名人《めいじん》でも、失敗《しっぱい》することはあるというたとえ。

使《つか》い方《かた》 チームで一番《いちばん》キック力《りょく》のあるけんじ君《くん》が、ペナルティーキックを外《はず》してしまった。しかし、「猿も木から落ちる」だよと、みんなではげました。

参考《さんこう》 木登《きのぼ》りが得意《とくい》な猿でも、時《とき》には木からすべり落ちることがある、ということから。

類 **弘法《こうぼう》**（＝字《じ》が上手《じょうず》なことで知《し》られる弘法大師《だいし》）**にも筆《ふで》の誤《あやま》り／かっぱの川流《かわなが》れ／上手の手《て》から水《みず》がもる**

ことわざ

さわらぬ神《かみ》にたたりなし

バーゲン会場
これはわたしが見《み》つけたのよ
いいえわたしが先《さき》よ
50%オフ
まあまあお二人《ふたり》ともほかにもいいのがありますから
え!?
横《よこ》から口《くち》をはさまないでちょうだい
そうよこれは女《おんな》の戦《たたか》いよ
おそろしいさわらぬ神にたたりなしだ

意味《いみ》 ものごとに関《かか》わらなければ、災《わざわ》いにまきこまれることはない。だから、しなくてもいいよけいなことには手出《てだ》しをするな、という教《おし》え。

使《つか》い方《かた》 試合《しあい》に負《ま》けて、頭《あたま》に血《ち》が上《のぼ》っているサポーターには近《ちか》づかないほうがいい。さわらぬ神にたたりなしだ。

参考《さんこう》 神さまに関わらなければ、神さまのたたりを受《う》けることもない、という意味《いみ》から。

同 知《し》らぬ神にたたりなし

類 さわらぬ蜂《はち》は刺《さ》さぬ

さ

ことわざ

三度目《さんどめ》の正直《しょうじき》

1年目
どうだった？
落《お》ちた
2年目
今年《ことし》こそうかったかい
落ちた
3年目
今年は…
うかりました
そうか来年《らいねん》がんばれば……
ちがう三度目の正直でうかったの！

意味《いみ》 一《いち》度目や二《に》度目は思《おも》うようにならなくても、三度目にはうまくいくものだという教《おし》え。

使《つか》い方《かた》 天気《てんき》が悪《わる》く、打《う》ち上《あ》げが再度延《さいどえん》期《き》されたロケットは、三度目の正直で無事《ぶじ》宇《う》宙《ちゅう》に向《む》けて出発《しゅっぱつ》した。

参考《さんこう》 「正直」は、だいじょうぶという意味《いみ》。もともとは、占《うらな》いやおみくじを引《ひ》いたとき、三回目《さんかいめ》に出《で》たものを信《しん》じなさいと言《い》われていたことから。

類 **三度目は定《じょう》の目《め》／三度の神《かみ》正直／三度目が大事《だいじ》**

ことわざ

三人寄《さんにんよ》れば文殊《もんじゅ》の知恵《ちえ》

う～ん
なんだ
この問題《もんだい》
どうしたの
ここんとこが
いまいち
わかんないんだ
よし
二人《ふたり》で
考《かんが》えよう
ぼくも
いっしょに
考えるよ
三人寄れば
文殊の
知恵とも
言《い》うしね
よーし
助《たす》けあって
いこう！
お前《まえ》ら
試験中《しけんちゅう》に
何《なに》やってんだ

意味《いみ》 一人《ひとり》ではうまくいかないことも、三人集《あつ》まって相談《そうだん》すれば、いい知恵がうかぶものだ。

使《つか》い方《かた》 三人寄れば文殊の知恵で、ぼくたち三人兄弟《きょうだい》はいつもむずかしい問題《もんだい》を解決《かいけつ》している。

参考《さんこう》 「文殊」は、仏教《ぶっきょう》で文殊菩薩《ぼさつ》という、知恵をうけもつ仏《ほとけ》のことをいう。

「三人」のつく慣用句《かんようく》

三人行《おこな》えば必《かなら》ず我《わ》が師《し》あり／三人いれば、おたがいの良《よ》い点《てん》を見習《みなら》ったり、悪《わる》い点を反省《はんせい》したりして、自分《じぶん》の師とすることができる。

慣用句

思案《しあん》に暮《く》れる

うーん
こまった
わね〜
どうしたの
ママ
今夜《こんや》の
こんだてに
迷《まよ》ってるの
ぼくは
合宿《がっしゅく》だから
いらないよ
じゃあ
もっとこまる
お父《とう》さんと
わたしだけね
う〜ん……
お父さんの
好物《こうぶつ》か…
う〜ん
食事《しょくじ》は
すませて
きた
思案に
暮れて
そんしたわ

意味《いみ》 なかなかよい考《かんが》えがうかばず、どうしたらよいかじっと考えこんでいるようす。

使《つか》い方《かた》 なかなか勝《か》てないわがチームのことで、コーチの先生《せんせい》は思案に暮れるばかりだ。

同 思案にある

類 途方《とほう》に暮れる

「思案」のつく慣用句《かんようく》

思案投《な》げ首《くび》／いくら考えてもよい考えがうかばずに、こまっているようす。

恋《こい》は思案の外《ほか》

四字熟語

自画自賛《じがじさん》

うむ
完成《かんせい》だな
まぁ
すばらしい
だろ
おれって天才《てんさい》
!?
モデルが
いいのよ!!
うまい
きれいな
モデルね
自画自賛

意味《いみ》 自分《じぶん》で自分のことをほめること。

使《つか》い方《かた》 だれもほめてくれないので、「われながらよく書《か》けた」と、兄《あに》は自分の作文《さくぶん》を自画自賛している。

参考《さんこう》 「賛」は、絵画《かいが》などに書《か》きそえる文章《ぶんしょう》のことで、自分が描《か》いた絵に、自分でほめることばを書きそえる、ということから。

類 **手前《てまえ》みそ**

「自」のつく四字熟語《よじじゅくご》

自給自足《じきゅうじそく》
自業自得《じごうじとく》
自暴自棄《じぼうじき》

ことわざ

親《した》しき中《なか》にも礼儀《れいぎ》あり

先生《せんせい》！ 消《け》しゴムがなくなりました
ごめん ぼく借《か》りてた
使《つか》うなら断《ことわ》ってね
親しき中にも礼儀ありだからね
仲良《なかよ》しだからこそ敬意《けいい》をはらわなくてはいけないんだよ
消しゴムをかってにお借りして申《もう》しわけございませんでした
それはやりすぎよ

意味《いみ》 親しい間《あいだ》がらになると、なれなれしくなりすぎたり、相手《あいて》の心づかいを忘《わす》れたりして、仲《なか》が悪《わる》くなることがある。だから、仲良《なかよ》くなっても、相手に対《たい》する礼儀は忘れてはいけない、という教《おし》え。

使《つか》い方《かた》 わたしの家《いえ》では、家族《かぞく》が「おはよう」「お休《やす》みなさい」のあいさつを必《かなら》ずする。母《はは》は「『親しき中にも礼儀あり』だからね」と言《い》っている。

類 **親しき中に垣《かき》をせよ**（「垣」は、周囲《しゅうい》にはりめぐらすもの、二人《ふたり》の間をへだてるものの意味《いみ》で、改《あらた》まった礼儀のこと）

慣用句

舌《した》を巻《ま》く

おっ ケン玉《だま》か なつかしいな
エイ
こんど学校《がっこう》で ケン玉大会《たいかい》が あるんだ
どれ パパが すごい技《わざ》を 教《おし》えてやろう
あれうまく いかない!!
どれ わたしに かしてみなさい
キュ――イイ
すごい 思《おも》わず 舌を巻く うまさ だ!!
パチ
パチ

意味《いみ》 ことばが出《で》ないくらい感心《かんしん》したり、おどろいたりするようす。

使《つか》い方《かた》 もも子《こ》さんが、音楽会《おんがくかい》でとても上手《じょうず》にピアノを弾《ひ》いていたので、ぼくは舌を巻いた。

参考《さんこう》 舌を巻《ま》くと、ものが言《い》えないところから。

「舌」のつく慣用句《かんようく》

舌が肥《こ》える／おいしいものを食《た》べなれているので、食べものの良《よ》し悪《あ》しがわかる。

舌が回《まわ》る／上手《じょうず》にしゃべる。

（舌のつく慣用句は→二八七ページも参照《さんしょう》）

し

ことわざ

失敗《しっぱい》は成功《せいこう》のもと

これでもう
四回目《よんかいめ》の実験《じっけん》だ
こんどこそ
成功してくれよ
ボム
またまた
失敗だ
おや？
この結《けっ》しょう
はなんだ？
ノーブル賞講演会
こうして
わたしは
世界的大発見《せかいてきだいはっけん》を
したのです
パチパチ
パチパチ
パチパチ
パチパチ

？意味《いみ》 失敗しても、その原因《げんいん》を考《かんが》えて、次《つぎ》にするときに悪《わる》い点《てん》を直《なお》していけば、いつかは成功につながる、という意味《いみ》。

使《つか》い方《かた》 今回《こんかい》のケーキ作《づく》りはうまくいかなかったけれど、失敗は成功のもとだから、次にはきっとおいしくできるわと先生《せんせい》がおっしゃった。

参考《さんこう》 失敗によって成功が得《え》られるのだから、いわば失敗は成功のもとだ、と言《い》えるということから。英語《えいご》では、Failure《フェイリャ》 teaches《ティーチズ》 success.《サクセス》（失敗は成功を教《おし》える）という。

同 **失敗は成功の母《はは》**

慣用句

しっぽをつかむ

このごろよく冷蔵庫《れいぞうこ》からあまいものがなくなるわ
心《こころ》あたりはあるけど動《うご》かぬしょうこが必要《ひつよう》ね…
ついにしっぽをつかんだわよ！
ドキン
あらお父《とう》さん
ス…スマン

意味《いみ》 人《ひと》のかくしごとやごまかしを見《み》つけ出《だ》すたとえ。

使《つか》い方《かた》 警察《けいさつ》は、とうとう銀行《ぎんこう》ごうとうのしっぽをつかんだようだ。

参考《さんこう》 化《ば》けたキツネやタヌキのしっぽをつかむと正体《しょうたい》がわかる、ということから。

「しっぽ」のつく慣用句《かんようく》

しっぽを出す／かくしていたことがばれてしまう。

しっぽをふる／気《き》にいられようと、ごきげんをとる。

しっぽをまく／負《ま》けをみとめてこうさんする。

四字熟語

十人《じゅうにん》十《と》色《いろ》

○○映画
子役オーディション
会場
個性的《こせいてき》な子《こ》がたくさん集《あつ》まりましたね
うむ十人十色って感《かん》じだ
う～むこまったな
え!?どうしてですか
ワイ
ガヤ
ワイ
ガヤ
だって双子役《ふたごやく》のオーディションだよ

意味《いみ》 人《ひと》は、一人《ひとり》ひとり考《かんが》え方《かた》や好《この》み、性質《せいしつ》などがちがうものだ。

使《つか》い方《かた》 このクラスの生徒《せいと》たちは、あまいものが好《す》きな子《こ》もいれば、すっぱいものが好きな子もいて、十人十色だ。

参考《さんこう》 人が十人いれば、十色《じっしょく》、つまり顔《かお》も性格《せいかく》も考え方も一人ひとりちがうということ。

同 **十人が十色／十人よれば十色**

類 **十人よれば十国《とくに》の者《もの》**／人がおおぜい集《あつ》まれば、それぞれ出身地《しゅっしんち》がちがって、習慣《しゅうかん》や話題《わだい》も異《こと》なる。

慣用句

重箱《じゅうばこ》の隅《すみ》をようじでほじくる

家宝《かほう》の
かんていを
おねがいします
カケてるし
あシミが
虫《むし》くってるし
みーんな
ガラクタの
品《しな》ですな
あの鑑定家《かんていか》は
重箱の隅をようじ
でほじくるんで
有名《ゆうめい》な三流《さんりゅう》
どころなんだ
気《き》を落《お》とさないで
ガックシ

意味《いみ》 どうでもいいような細《こま》かいことをわざわざとりあげて、あれこれうるさく言《い》うたとえ。

使《つか》い方《かた》 お姉《ねえ》さんは、ぼくの一日《いちにち》の行《おこな》いについて、重箱の隅をようじでほじくるように、いちいち注意《ちゅうい》する。

参考《さんこう》 「重箱」は、食《た》べ物《もの》を入《い》れて積《つ》み重《かさ》ねる四角《しかく》の箱《はこ》。この箱のすみに残《のこ》ったものを、わざわざつまようじでほじくるということから。

同 **重箱のすみをようじでつつく／ようじで重箱の隅をほじくる**

四字熟語

順風満帆《じゅんぷうまんぱん》

小《しょう》・中学校《ちゅうがっこう》では
天才《てんさい》と呼《よ》ばれ
高校《こうこう》・大学《だいがく》で
秀才《しゅうさい》の名《な》を
ほしいままにし
会社《かいしゃ》に入《はい》って
異例《いれい》の出世《しゅっせ》コー
スをかけのぼり
およめさんは
元《もと》ミスユニバース
そんな人《ひと》の
妻《つま》となった
わたしの人生《じんせい》は
まさに順風満帆ね

意味《いみ》 ものごとが、思《おも》いどおりに順調《じゅんちょう》に進《すす》むことのたとえ。

使《つか》い方《かた》 父《ちち》の店《みせ》は、開店当日《かいてんとうじつ》から客《きゃく》がおしかけ、順風満帆のスタートとなった。

参考《さんこう》 「順風」は、追《お》い風《かぜ》（船《ふね》の進む方向《ほうこう》に向《む》かってふく風）のこと。船の帆《ほ》に追い風をいっぱい受《う》けて、船が調子《ちょうし》よく進むことから。

類 **順風満帆に帆を上《あ》げる／追風《おいて》に帆を上げる／得手《えて》に帆を揚《あ》げる**

気をつけよう 「満帆」を「まんぽ」と読《よ》まないように注意《ちゅうい》する。

慣用句

将棋倒《しょうぎだお》し

意味《いみ》 はしにあるものがたおれると、ほかのはしにむかって次《つぎ》つぎにたおれるたとえ。また、一《ひと》つのくずれから全体《ぜんたい》がくずれてしまうたとえ。

使《つか》い方《かた》 人気《にんき》のゲームソフトを買《か》おうとしたら、店《みせ》の入《い》り口《ぐち》に人《ひと》がおしよせて、将棋倒しになってしまった。

参考《さんこう》 将棋のこまを一列《いちれつ》に立《た》ててならべて、一番《いちばん》はしのこまをたおすと、全部《ぜんぶ》が次つぎとたおれてしまう。この遊《あそ》びを「将棋倒し」といい、人やものが次つぎにたおれることを、この遊びにたとえた。

故事成語 少年《しょうねん》老《お》いやすく学《がく》成《な》り難《がた》し

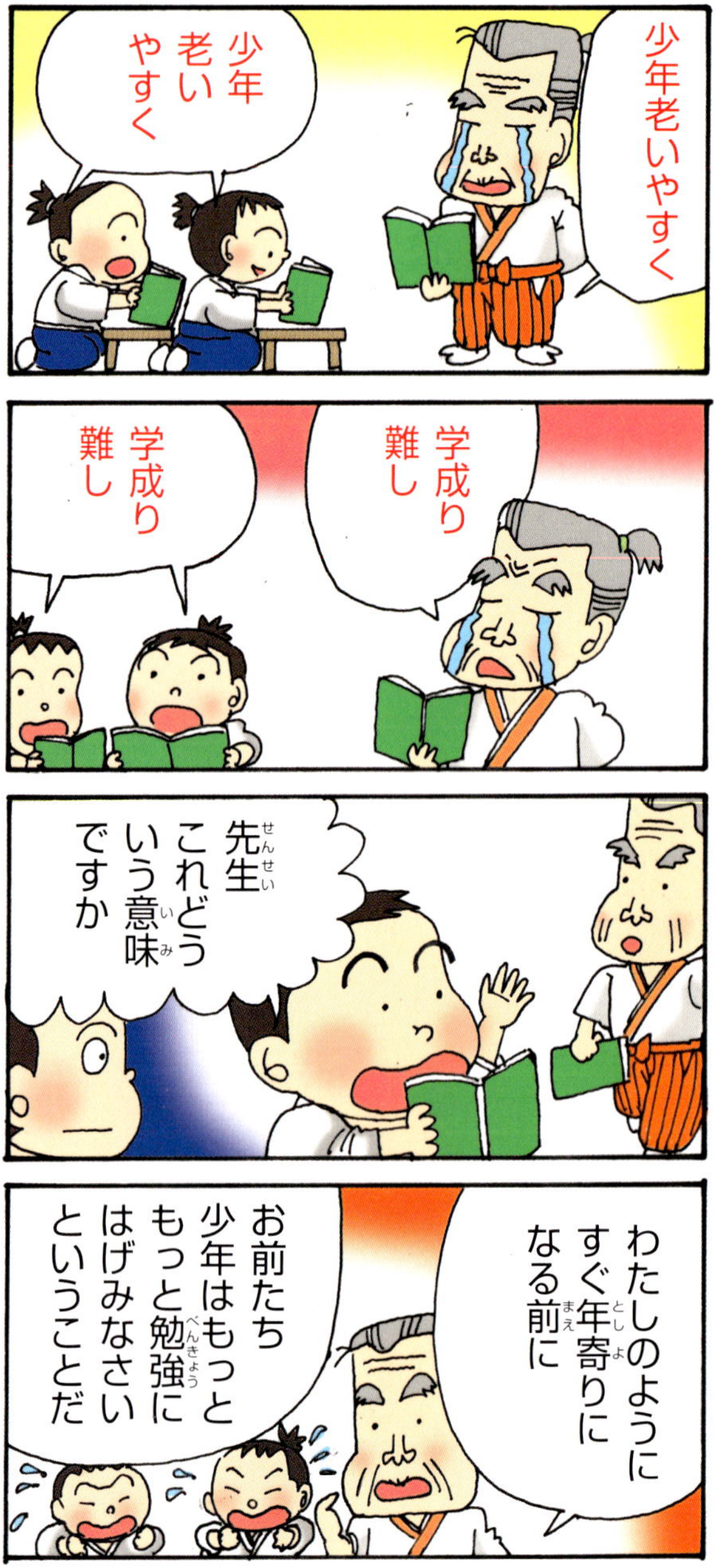
少年老いやすく
少年老いやすく
学成り難し
学成り難し
先生《せんせい》これどういう意味《いみ》ですか
わたしのようにすぐ年寄《としよ》りになる前《まえ》に
お前たち少年はもっともっと勉強《べんきょう》にはげみなさいということだ

意味《いみ》

自分《じぶん》はまだ若《わか》いと思《おも》っていてもすぐに年《とし》をとってしまうし、学問《がくもん》をきちんと学《まな》ぶには時間《じかん》がかかる。だから、若いうちにわずかの時間も大切《たいせつ》にして勉強《べんきょう》にはげみなさい、という教《おし》え。

使《つか》い方《かた》

おじいちゃんは、少年老いやすく学成り難し、と言《い》って、とても読《よ》み切《き》れないほどの量《りょう》の参考書《さんこうしょ》を買《か》ってきてくれた。

参考《さんこう》

中国《ちゅうごく》の昔《むかし》の学者《がくしゃ》が書《か》いた「偶成《ぐうせい》」という詩《し》の中《なか》のことばで、このあとに「一寸《いっすん》の光陰《こういん》かろんずべからず」ということばが続《つづ》く。

ことわざ

初心忘《しょしんわす》るべからず

どんなに
つらくても
練習《れんしゅう》をやりぬいて
がんばるんだ
オーーッ
おれたち
もう
ベテラン
なのに
毎日《まいにち》
うさぎとび
千回《せんかい》は
キツ～イ
かんとく
いないから
ハ～ッ
さぼっちゃえ
バカモーン
初心忘る
べからず
基礎《きそ》練習が
大事《だいじ》なんじゃ
うわっ

意味《いみ》 何《なに》か新《あたら》しいことを始《はじ》めたときの真剣《しんけん》な気持《きも》ちは、ずっと忘れてはいけない、という教《おし》え。

使《つか》い方《かた》 わたしの父《ちち》はプロ野球《やきゅう》の選手《せんしゅ》だが、初心忘るべからずと言《い》って、素振《すぶ》りやキャッチボールを欠《か》かさない。

参考《さんこう》 「初心」は、何かをしようと思《おも》い立《た》ったときのまじめな気持ち。慣《な》れてうぬぼれたり、なまけ心《ごころ》を起《お》こしたりするのを注意《ちゅうい》する教え。室町時代《むろまちじだい》に能《のう》を完成《かんせい》させた世阿弥《ぜあみ》が書《か》いた『花鏡《かきょう》』という書物《しょもつ》の中《なか》のことばがもと。

ことわざ

知《し》らぬが仏《ほとけ》

りんごは いらんかね
おいしい おいしい りんごだよ
おばあさん 一《ひと》つ くださいな
知らぬが 仏だよ これを食《た》べたら 白雪姫《しらゆきひめ》は あの世《よ》行《い》き
あら 虫食《むしく》いだわ 捨《す》てちゃおっと
ポン

意味《いみ》 知《し》ってしまえば腹《はら》が立《た》ったり、心配《しんぱい》になったりするようなことも、知らずにいれば、仏様《ほとけさま》のようにおだやかな気持《きも》ちでいられる、というたとえ。

使《つか》い方《かた》 お兄《にい》ちゃんのるす中《ちゅう》にわたしがテレビゲームを使《つか》っているなんて、知らぬが仏ね。

参考《さんこう》 当人《とうにん》だけが知らずに、のんきにしているのを、からかっていうのに多《おお》く使《つか》われる。

同 **聞《き》かぬが仏／見《み》ぬが仏聞かぬが花《はな》／見ぬは極楽《ごくらく》知らぬは仏／聞けば聞き腹《ばら》**

慣用句

尻切《しりき》れとんぼ

本日《ほんじつ》は雨《あめ》のため五回《ごかい》コールド試合《じあい》となります
しかたない映画《えいが》でも見《み》て帰《かえ》るか
えい画館
映写機《えいしゃき》のこしょうにより本日《ほんじつ》の上映《じょうえい》はここまでで中止《ちゅうし》となります
野球《やきゅう》も映画も尻切れとんぼ
こんな日《ひ》もあるさ…

意味《いみ》 ものごとがとちゅうでとぎれて、大切《たいせつ》な最後《さいご》のところがないことのたとえ。

使《つか》い方《かた》 たかし君《くん》の話《はなし》は、尻切れとんぼで、結局《けっきょく》、何《なに》が言《い》いたかったのかわからなかった。

参考《さんこう》 「尻切れ」とは後《うし》ろのほうが切れていること。また、ものごとがとちゅうで終《お》わっていること。

同 **尻切りとんぼ／尻切りとんび／尻切れ話《ばなし》**

「尻」のつく慣用句《かんようく》

尻馬《うま》に乗《の》る／他人《たにん》のすることにかんたんに動《うご》かされて何《なに》かを行《おこな》う。

し

故事成語

人事《じんじ》を尽《つ》くして天命《てんめい》を待《ま》つ

スポーツ万能《ばんのう》
成績優秀《せいせきゆうしゅう》
キャプテンすてき
こまっている友達《ともだち》がいたらなやみを聞《き》き
え〜お笑《わら》いを一席《いっせき》
おまけにクラスの人気者《にんきもの》
学級委員選挙
あとは人事を尽くして天命を待つのみ!だ

意味《いみ》 できるかぎりの努力《どりょく》をしつくしたら、あとはなりゆきにまかせる、という心境《しんきょう》をいうことば。

使《つか》い方《かた》 せいいっぱいがんばって勉強《べんきょう》をして試験《しけん》を受《う》けた。今《いま》は、人事を尽くして天命を待つ気持《きも》ちだ。

参考《さんこう》 「人事」は、人間《にんげん》の力《ちから》でできること。「天命」は、天《てん》の神《かみ》さまが人《ひと》にあたえる運命《うんめい》。

類 **天は自《みずか》ら助《たす》くる者《もの》を助く**／神さまは、他《た》人《にん》の助けをあてにしないで自分《じぶん》で努力する人に力をあたえてくれる。

ことわざ

好《す》きこそものの上手《じょうず》なれ

また
ロボット作《づく》り
いいかげんに
しなさい
ジジジジ
まあ母《かあ》さん
好きこそものの
上手なれって
いうじゃないか
でも
ちっとも
勉強《べんきょう》しな
いで
がんばって
ロボット
コンテストに
応募《おうぼ》するんだ
優勝《ゆうしょう》は達夫《たつお》くん
お手伝《てつだ》いロボット
わたしの
ために…
第10 ロボットコンテス

意味《いみ》 自分《じぶん》が好きなことは、おもしろくて一生《いっしょう》けんめいやるので、いつのまにか上手になる、という意味《いみ》。

使《つか》い方《かた》 いつも物《もの》まねをしてみんなを笑《わら》わせていた田中《たなか》くんは、好きこそものの上手なれで、とうとうコメディアンになった。

類 **好きは上手のもと**

反対の意味 **下手《へた》の横好《よこず》き**（→二三七ページ参照《さんしょう》）

「好き」のつく慣用句《かんようく》

好き好《この》んで／「好き」を強《つよ》めていうことばで、特《とく》に好きなようす。

す

故事成語

過《す》ぎたるはなおおよばざるがごとし

あんたきれい好《ず》きねー
その辺《へん》は雑菌《ざっきん》だらけよ一時間《いちじかん》ごとに手《て》を洗《あら》わなくちゃ!!
ねる前《まえ》にもよーく洗わなくちゃ
ジャー
いくら何《なん》でもやりすぎじゃない?
まだまだ安心《あんしん》できないわ抗菌《こうきん》クリームをぬってと……
どうしたの?
○○医院ヒフ科
洗いすぎで手があれちゃったからヒフ科《か》に行《い》くの

意味《いみ》 ものごとをやりすぎるのは、足《た》りないのと同《おな》じくらいよくない。ほどほどが一番《いちばん》よい、という教《おし》え。

使《つか》い方《かた》 試験《しけん》前《まえ》にてつ夜《や》したせいで、当日《とうじつ》は、ねむくて試験に集中《しゅうちゅう》できなかった。過ぎたるはなおおよばざるがごとしだ。

参考《さんこう》 昔《むかし》、中国《ちゅうごく》で、孔子《こうし》という人《ひと》が弟子《でし》の師《し》と商《しょう》という人について、「師はほどよさを過ぎ、商は少《すこ》しおよばない。過ぎているのはおよばないと同じことで、ほどよさがなくてはいけない」と言《い》ったことから。

類 **薬《くすり》も過ぎれば毒《どく》となる**

慣用句

雀《すずめ》の涙《なみだ》

ワーン 助《たす》けて〜
あ だれか!!
息子《むすこ》を助けてくれたらいくらでもお礼《れい》します
よーし待《ま》ってろ今《いま》助けてやるぞ
よかったなぼうず
ありがとうございますこれはほんのお礼です
何《なん》だ雀の涙じゃないか

意味《いみ》 物《もの》の量《りょう》が非常《ひじょう》に少《すく》ないことのたとえ。

使《つか》い方《かた》 お年玉《としだま》のふくろをあけてみたら、雀の涙ほどしか入《はい》っていなかったので、がっかりした。

参考《さんこう》 小《ちい》さい雀の流《なが》す、ごくわずかの量の涙という意味《いみ》から。

英語《えいご》では、「chicken《チキン》 feed《フィード》（鶏《にわとり》のえさ）」という。

「雀」のつくことわざ

雀百《ひゃく》までおどり忘《わす》れず（→二九四ページ参照《さんしょう》）

慣用句

図《ず》に当《あ》たる

森《ジャングル》まんじゅう
まんじゅうが売《う》れないなぁ
何《なに》かいいアイデアはないものか
おお そうじゃ
じゅう
スタ スタ スタ
森《もり》の仲間《なかま》はみんなバナナが大好《だいす》き…
バナナとまんじゅうの合体《がったい》!!
バナナまんじゅうおいしいねー
ねらいが図に当たって大《だい》はんじょう
なんてことはないかな……

意味《いみ》 予想《よそう》や計画《けいかく》がそのとおりになって、見込《みこ》みどおりにうまくいくたとえ。

使《つか》い方《かた》 おじさんの会社《かいしゃ》では、新商品《しんしょうひん》の企画《きかく》が図に当たって、大《おお》もうけをしたと、とてもよろこんでいた。

参考《さんこう》 「図」は予想・計画などを指《さ》すことば。

「図」のつく慣用句《かんようく》

図に乗《の》る／思《おも》いどおりにものごとが進《すす》んで、調子《ちょうし》に乗っていい気《き》になる。

図をはかる／なにか悪《わる》いことをしようと計画する。

慣用句

隅《すみ》に置《お》けない

ガリ勉《べん》くんサッカーやらないか
メンバーたりなくてさ
スポーツですか…
ぼくでよければよろこんで
いっしょに走《はし》ってるだけでいいからさ
ダーッ
すごい選手《せんしゅ》がいるぞ！
シュート
ガリ勉くん隅に置けないなぁ

意味《いみ》 思《おも》っていたよりも、実《じつ》はずっと物《もの》知《し》りだったり、すぐれていたりして、あなどれないようす。

使《つか》い方《かた》 ひろしくんはぼうっとしていてたよりにならないように見《み》えるけれど、いざというときにはあれでなかなか隅に置けないんだ。

類 **抜《ぬ》け目《め》がない**／自分《じぶん》に損《そん》になることはしないで、うまくものごとを行《おこな》うこと。

「隅」のつく慣用句《かんようく》

隅から隅まで／一方《いっぽう》のすみから他方《たほう》のすみまで。あるはんい全部《ぜんぶ》。

ことわざ

住《す》めば都《みやこ》

引越便
とんでもない田舎《いなか》に越《こ》してきちゃったなあ
家《いえ》はボロボロだし近《ちか》くにコンビニもないね
でもこの自然《しぜん》は都会《とかい》では味《あじ》わえないわよ
家《いえ》は修理《しゅうり》すればいいし庭《にわ》が広《ひろ》いから畑《はたけ》もつくれるな
住めば都だね
新《あたら》しい友達《ともだち》もできて

意味《いみ》 移《うつ》り住む前《まえ》は住みづらいと思《おも》われた所《ところ》でも、ずっと住んで慣《な》れ親《した》しめば、よい所だと思うようになる、というたとえ。

使《つか》い方《かた》 父《ちち》の転勤《てんきん》で移った所に初《はじ》めはなじめなかったが、住めば都、今《いま》では友達《ともだち》もたくさんできて楽《たの》しくすごしている。

参考《さんこう》 「都」は、王様《おうさま》や天皇《てんのう》が住む、一番《いちばん》にぎわっている大《おお》きな町《まち》のことで、住みやすい所のたとえ。

類 **地獄《じごく》もすみか**／どんなにひどい場所《ばしょ》でも住んでみれば住み心地《ごこち》がよくなることのたとえ。

ことわざ

背《せ》に腹《はら》は代《か》えられぬ

ありったけの金目《かねめ》のものをよこしな
でないと命《いのち》はないぞ
ひぇ〜
へへうまくいったぜ
ズシリ
しかし重《おも》いなぁ
まて〜っ
背に腹は代えられん
いけね
盗《ぬす》んだものを捨《す》てて身軽《みがる》になろう
ドン
ワッ

意味《いみ》 さしせまった大事《だいじ》なことのためには、ほかのものを失《うしな》ってもしかたがない、というたとえ。

使《つか》い方《かた》 母《はは》は、進学《しんがく》する姉《あね》のために、背に腹は代えられぬと言《い》って、土地《とち》を売《う》ってお金《かね》を作《つく》ってくれた。

参考《さんこう》 背中《せなか》のためとは言っても、背中よりも大切《たいせつ》な腹をぎせいにすることはできないという意味《いみ》から。「江戸《えど》いろはがるた」の一《ひと》つ。

同 背中に腹はかえられぬ
背より腹

せ

四字熟語

千載一遇《せんざいいちぐう》

ケーキの
箱《はこ》がある
……
ケーキ
母《かあ》さん
早《はや》くどっか
いかない
かな
ケーキ
ピンポーン…
しめた！今《いま》が
千載一遇の
チャンス!!
ケーキ
あっ
空《から》だ
こういうことも
あるかと思《おも》って
冷蔵庫《れいぞうこ》に入《い》れて
おいたのよ!!

意味《いみ》 めったにない、すばらしいチャンスをいうことば。

使《つか》い方《かた》 千載一遇のチャンスにめぐまれ、姉《あね》はオーディションに合格《ごうかく》した。

参《さん》考《こう》 「千載」は、千年《せんねん》という意味《いみ》。「一遇」は、一度《いちど》きりの出会《であ》い。千年に一度くらいしかめぐりあえないという意味から。

「千」のつく四字熟語《よじじゅくご》

千差万別《せんさばんべつ》／たくさんのものが、それぞれちがっているさま。

千変万化《せんぺんばんか》／ものごとのようすや場面《ばめん》が次《つぎ》つぎと変《か》わっていくこと。

ことわざ

船頭多《せんどうおお》くして船山《ふねやま》にのぼる

今晩《こんばん》のおかず 何《なに》にしようかしら
すき焼《や》き
ハンバーグ
焼き肉《にく》
オムライス
みんなかってばかり言《い》わないで
結局《けっきょく》昨日《きのう》の残《のこ》りのカレーですか
船頭多くして船山にのぼるだね

意味《いみ》 指図《さしず》する人《ひと》が多《おお》すぎると、意見《いけん》がまとまらず、とんでもない方向《ほうこう》に進《すす》んでしまうたとえ。

使《つか》い方《かた》 各《かく》クラスの代表《だいひょう》が、それぞれの意見を主張《しゅちょう》するので、運動会《うんどうかい》の方針《ほうしん》が決《き》まらず、このままだと船頭多くして船山にのぼるだ。

参考《さんこう》 船乗《ふなの》りに指図する船頭ばかりが大勢《おおぜい》いると、あっちへ行《い》けこっちへ行けといい、船が山にのぼってしまうこともあるという意味《いみ》。

類 **船頭多ければ岩《いわ》に乗《の》る／船頭多けりゃ沖《おき》に乗り出《だ》す**

慣用句

そうは問屋《とんや》が卸《おろ》さない

クンクン
おごちそーだ
これじゃどーぞ食《た》べてくださいと言《い》わんばかりじゃないか
人間《にんげん》ってまぬけだな
ムシャムシャ
そうは問屋が卸さないのよ
オホホホ
それはネコイラズ入《い》りのダンゴなんだから

意味《いみ》 相手《あいて》の注文《ちゅうもん》にそうやすやすとは応《おう》じられないということ。また、そう簡単《かんたん》には自分《じぶん》の望《のぞ》みどおりにはならない、というたとえ。

使《つか》い方《かた》 練習《れんしゅう》もしないで、試合《しあい》に勝《か》とうなんて、そうは問屋が卸さないよ。

参考《さんこう》 問屋は、生産者《せいさんしゃ》から品物《しなもの》を大量《たいりょう》に買《か》って、小売店《こうりてん》（客《きゃく》に売る店）に売りわたす商店《しょうてん》。問屋が小売店に品物を売ることを「卸す」「卸《おろ》し売り」という。小売店が望むような安《やす》い値段《ねだん》では、問屋は売ってくれない、という意味《いみ》から。

慣用句

そりが合《あ》わない

小学生《しょうがくせい》のころ
ぼくはコツコツ勉強《べんきょう》するタイプ
ぼくはカンニングが得意《とくい》だよ
中学生《ちゅうがくせい》のころ
ぼくは生徒会《せいとかい》と部活《ぶかつ》で大《おお》いそがし
グレちゃっていつもひましてまーす
現在《げんざい》
あっ山田《やまだ》!
よォー
ひさしぶり学校以来《がっこういらい》じゃないか
そういえば昔《むかし》からおれたち
そりが合わなかったよな～
タイホする
ガチャ
指名手配

意味《いみ》 おたがいの考《かん》え方《かた》や性格《せいかく》がちがっていて、気《き》が合わず、仲《なか》がうまくいかない。

使《つか》い方《かた》 気が短《みじか》いぼくと気の長《なが》い裕太《ゆうた》くんとでは、どうもそりが合わない。

参考《さんこう》 刀《かたな》のそり（曲《ま》がり方）が、さや（刀を入《い》れる、つつのようなおおい）のそりと合わず、うまくおさめることができないということから、人《ひと》と人との間《あいだ》がしっくり合わないようすにたとえた。

類 **水《みず》と油《あぶら》**（→一〇四ページ参照《さんしょう》）

反対の意味 **馬《うま》が合う**（→五三ページ参照）

そ

四字熟語

大言壮語《たいげんそうご》

この成績《せいせき》はいったいなんなの
オール1
二学期《にがっき》をみててよ
毎日五時間《まいにちごじかん》勉強《べんきょう》してオール五をとるからさ
そして名門大学《めいもんだいがく》一流企業《いちりゅうきぎょう》に入《はい》って
お母《かあ》さんを海外旅行《かいがいりょこう》に連《つ》れていってあげる
大言壮語してないで今日《きょう》一時間勉強しなさい
やっぱり
イテテテ

意味《いみ》 できそうもない、大《だい》それたこと、大《おお》げさなことを、いかにもできそうに言《い》うこと。

使《つか》い方《かた》 つばさくんは柔道大会《じゅうどうたいかい》の前《まえ》、優《ゆう》勝《しょう》は自分《じぶん》に決《き》まっていると大言壮語していたが、結局三回戦《けっきょくさんかいせん》で負《ま》けてしまった。

参考《さんこう》 「大言」は、大げさなことを言うこと。「壮語」は、えらそうにりっぱなことを言うこと。

類 **針小棒大《しんしょうぼうだい》**／針《はり》ほどの小《ちい》さなことを棒ほどの大きさに言うこと。じっさいより大げさに言うことのたとえ。

ことわざ

大《だい》は小《しょう》をかねる

たった一泊《いっぱく》の旅行《りょこう》に大《おお》きすぎない？そのリュック
いいの大は小をかねるというでしょ
待《ま》ってるからね～
またあそびにおいで
お世話《せわ》になりました
おみやげいっぱいもらった
大は小をかねるね

意味《いみ》 大《おお》きいものは、小《ちい》さいもののかわりに使《つか》うことができる。

使《つか》い方《かた》 母《はは》はわたしのセーターを大きく編《あ》んでしまい、大は小をかねるよといってごまかした。

参考《さんこう》 大きいものは、小さいものより使《つか》い道《みち》が多《おお》く、役《やく》に立《た》つということ。

反対の意味 **杓子《しゃくし》は耳《みみ》かきにならず**／大きいものが、必《かなら》ずしも小さいものの代《か》わりにはならない、ということ。

「大」と「小」がつく慣用句《かんようく》
大なり小なり／多かれ少《すく》なかれ。

慣用句 宝《たから》の持《も》ちぐされ

どうだ すごい だろ
パパ どっか つれてって
もちろん 最新《さいしん》 カーナビ付《つ》き だから どこへでも 行《い》けるぞ!!
うーん カーナビの操作《そうさ》が いまいちわからん
カーナビ 説明書
ねえ暗《くら》く なってきた よ
こういうのを 宝の持ちぐされ と言《い》うのね
ピタッ

意味《いみ》 役《やく》に立《た》つものや、すぐれた才能《さいのう》を上手《じょうず》に使《つか》わないことのたとえ。

使《つか》い方《かた》 明日香《あすか》さんは足《あし》がとても速《はや》いのに、陸上部《りくじょうぶ》に入《はい》らないというのは、宝の持ちぐされだ、とみんなが言《い》っている。

参考《さんこう》 「宝」とは、金《きん》・銀《ぎん》・宝石《ほうせき》などの貴重《きちょう》なもの。また、大切《たいせつ》なもの。「持ちぐされ」は、役に立てずに置《お》いてあるもの。

「宝」のつく慣用句《かんようく》

宝の山《やま》に入《い》りながら手《て》をむなしくして帰《かえ》る／よい機会《きかい》にあいながら、望《のぞ》みをかなえないで機会をのがしてしまう。

慣用句

高《たか》をくくる

ポッ
ポッ
プールに行《い》こうと思《おも》ったら降《ふ》ってきちゃった
カゼひくわよやめときなさい
どうせプールも水《みず》の中《なか》だしへいきへいき
やっぱり寒《さむ》いや
ハーックション
やっぱかぜひいちゃった
高をくくるからよ

意味《いみ》 大《たい》したことはないと思《おも》って、軽《かる》くみる。

使《つか》い方《かた》 すぐ着《つ》くと高をくくっていたら道《みち》をまちがえて、目的地《もくてきち》に着いたころは夜中《よなか》になっていた。

参考《さんこう》 「高」は、数量《すうりょう》・ものごとの程度《ていど》。「くくる」は一《ひと》つにまとめる。この程度だろうと、簡単《かんたん》に考《かんが》えることから。

「高」のつく慣用句《かんようく》

高が知《し》れる／その価値《かち》や程度が、大したものではないとだいたいわかる。大したことはない。

ことわざ

立《た》つ鳥《とり》あとをにごさず

意味《いみ》 今《いま》まで使《つか》っていた場所《ばしょ》を去《さ》るときは、その場所をきちんとかたづけて、きれいにしてから行《い》きなさいという教《おし》え。また、引《ひ》きぎわがきれいだ、というたとえ。

使《つか》い方《かた》 遠足《えんそく》では、立つ鳥あとをにごさずで、お弁当《べんとう》を食《た》べたあとみんな自分《じぶん》のゴミばかりでなく、元《もと》からあったゴミもひろって持《も》ち帰《かえ》った。

参考《さんこう》 水鳥《みずどり》は、飛《と》び去るとき、あとの水面《すいめん》がどろでにごらないように飛び立つということから。

同 飛ぶ鳥あとをにごさず

ことわざ

立《た》て板《いた》に水《みず》

生徒
弁論大会
ペラペラ
ペラペラ
ペラペラ
流《なが》れるような
しゃべり方《かた》
さすが
生徒会長《せいとかいちょう》だわ
立て板に
水だね
オド
オド
次《つぎ》は
もじもじ君《くん》
ね
だいじょう
ぶかなぁ？
聞《き》いてるほうが
つかれるわ
……
ボソボソボソ
ボソボソボソ
これじゃ
水も流れないや

意味《いみ》 つかえることなく、すらすらとなめらかに話《はな》すことのたとえ。

使《つか》い方《かた》 立候補者《りっこうほしゃ》の演説《えんぜつ》は、立て板に水のすばらしい話し方《かた》だったが、言《い》いたいことはよくわからなかった。

参考《さんこう》 立てかけた板に水を流《なが》したときの、一気《いっき》に流れ落《お》ちるようすから。

同 **戸板《といた》に豆《まめ》**／戸板にのせた豆は、戸板を少《すこ》しかたむけただけでころがってしまうことから。

反対の意味 **横板《よこいた》に雨《あま》だれ**／つかえながら話すことのたとえ。

た

慣用句

棚《たな》に上《あ》げる

いったい この成績《せいせき》は なんだ 父《とう》さん はずかしいぞ
成績表
どれどれ あらまあ ほんとだね
できない 息子《むすこ》だ
自分《じぶん》のことを 棚に上げて しかっちゃ いませんか?
ええ?
まずい 退散《たいさん》しよう
お父さんの 成績もね たいしたこと なかったのよ

意味《いみ》 自分《じぶん》につごうの悪《わる》いことを、そっとしてほうっておく。また、しなければならないことを、先《さき》にのばす。

使《つか》い方《かた》 お兄《にい》ちゃんは、自分の不注意《ふちゅうい》を**棚に上げ**て、小鳥《ことり》がにげたのをわたしのせいにした。

参考《さんこう》 物《もの》を棚に上げたまま使《つか》わないということから。

同 棚上げ

「棚」のついたことわざ

棚からぼたもち／何《なに》もしていないのに、思《おも》いがけない幸運《こううん》にめぐりあうこと。「たなぼた」。

た

ことわざ

玉《たま》にきず

うちの監督《かんとく》さんって選手《せんしゅ》思《おも》いで
ワーイ
おなか減《へ》ったろ練習《れんしゅう》終《お》わったらラーメン食《た》べに行《い》くぞ
ゾロゾロ
ぼくたちみんな尊敬《そんけい》してるんだけど
ヒソヒソ
試合《しあい》のさい配《はい》がへたなのが玉にきずだな

意味《いみ》 すぐれてりっぱだが、ほんの少《すこ》し欠点《けってん》があること。

使《つか》い方《かた》 たかし君《くん》はやさしくてまじめないい人《ひと》なのに、忘《わす》れっぽいのが玉にきずだ。

参考《さんこう》 「玉」は、宝石《ほうせき》のこと。りっぱな宝石に、小《ちい》さなきずがあっておしい、という意味《いみ》。

「玉」のつくことわざ

玉みがかざれば光《ひかり》なし／すぐれた生《う》まれつきの能力《のうりょく》を持《も》っていても、その能力をみがく努《ど》力《りょく》をしなければ、りっぱにはなれないということ。

慣用句

血《ち》のにじむよう

トア〜ッ
ドテ〜
勝《か》った！
思《おも》えば血《ち》のにじむような修行《しゅぎょう》をのりこえてついに異種《いしゅ》格《かく》とう技《ぎ》戦《せん》の頂点《ちょうてん》に立《た》ったぞ
長《なが》い道《みち》のりだった
ゲームリセットしていい？
ゲーム
異種かくとうぎ

意味《いみ》 なみたいていではない努力《どりょく》や苦労《くろう》をすることのたとえ。

使《つか》い方《かた》 兄《あに》は毎日《まいにち》血のにじむようなトレーニングを重《かさ》ねて、ついにオリンピック出場《しゅつじょう》を勝《か》ち取《と》った。

参考《さんこう》 身《み》を切《き》られ、血が出《で》てくるようにつらく苦しいという意味《いみ》。

同 血がにじむよう／血の出るよう／血と汗《あせ》

「血」のつく慣用句《かんようく》

血の気《け》が多《おお》い／ものごとにこうふんしやすいようす。

血が通《かよ》う／人間《にんげん》らしいあたたかさがある。

ち

四字熟語

朝令暮改《ちょうれいぼかい》

ワーッ
戦《いくさ》じゃ!!
出陣《しゅつじん》じゃ～
昨日《きのう》もどってきたばかりなのにまたかよ
殿様《とのさま》の気分《きぶん》しだいだからなー
流《なが》れ星《ぼし》が落《お》ちたいやな予感《よかん》がする
帰《かえ》ろう!
引《ひ》き返《かえ》すのじゃ
朝令暮改ばかりでもういやになった
侍《さむらい》なんかもうや～めた

意味《いみ》 決《き》まりごとや命令《めいれい》が何度《なんど》も変《か》わり、定《さだ》まらないこと。

使《つか》い方《かた》 会社《かいしゃ》の方針《ほうしん》が朝令暮改では、社員《しゃいん》は安心《あんしん》して働《はたら》くことができない。

参考《さんこう》 朝《あさ》に出《だ》された命令が、夕方《ゆうがた》には変更《へんこう》されてちがうものになってしまうということから。

同 朝改暮変《ちょうかいぼへん》

「朝」と「暮」のつく四字熟語《よじじゅくご》

朝三暮四《ちょうさんぼし》／目先《めさき》の利益《りえき》に気《き》をとられて、結果《けっか》が同《おな》じになるのに気づかないこと。また、調子《ちょうし》のよいことを言《い》って人《ひと》をだますこと。

ことわざ

ちりも積《つ》もれば山《やま》となる

息子《むすこ》や お前《まえ》の貯金《ちょきん》少《すこ》しばかり貸《か》してくれや
ダメ
あんなケチな子《こ》！大人《おとな》になってもろくなもんにならないな
あの子はケチなんかじゃありませんよ
三十年後《さんじゅうねんご》
これが父《とう》さんたちのために建《た》てた家《いえ》ですよ
えーっ
お前 いつのまに…そんなお金《かね》あったのかい
あの貯金箱《ばこ》ですよ 三十年間《かん》で ちりも積もれば山となるですよ

意味《いみ》 ちりのようにわずかなものでも、たくさんたまって積《つ》み重《かさ》なると、山のような大《おお》きなものになるというたとえ。

使《つか》い方《かた》 ちりも積もれば山となるで、一年生《いちねんせい》のときからの貯金《ちょきん》が、六年生《ろくねんせい》の今《いま》、十《じゅう》万円《まんえん》にもなった。

参考《さんこう》 どんな小《ちい》さな努力《どりょく》でも、こつこつと続《つづ》けることが大切《たいせつ》だ、ということ。

類 **雨《あま》だれ石《いし》をうがつ**／雨だれが長《なが》い間《あいだ》きまった所《ところ》に落《お》ちると、石に穴《あな》があくということ。

石の上《うえ》にも三年《さんねん》（→三一ページ参照《さんしょう》）

ことわざ

月《つき》とすっぽん

ぼくたち
双子《ふたご》の兄弟《きょうだい》でーす
お前《まえ》たちほんとそっくりだけど
テストの結果《けっか》は月とすっぽんなんだよなー
デヘヘヘ
100点
0点

意味《いみ》 みかけの似《に》ている二《ふた》つのものが、比《くら》べものにならないほどちがっていることのたとえ。

使《つか》い方《かた》 同《おな》じ通《とお》りにある二つのコンビニは、なぜか売《う》り上《あ》げに月とすっぽんほどの差《さ》があるそうだ。

参考《さんこう》 形《かたち》は同じように丸《まる》いが、月は空《そら》にかがやき、すっぽんはどろの中《なか》で、あまりにもかけはなれていることから。ちなみに、すっぽんは朱盆《しゅぼん》（朱ぬりの丸い盆）のなまりといわれ、関西《かんさい》ではマル（丸）とよばれる。

類 **ちょうちんにつり鐘《がね》／雲泥《うんでい》の差《さ》**

慣用句

つじつまを合《あ》わせる

意味《いみ》 話《はなし》やものごとのすじみちが通《とお》るようにする。

使《つか》い方《かた》 お父《とう》さんは、帰《かえ》りがおそくなったことを、お母《かあ》さんにつじつまを合《あ》わせて言《い》いわけするのに苦労《くろう》していた。

参考《さんこう》 「つじ」「つま」は、着物《きもの》をぬうときのことば。「つじ」はぬい目《め》が十字《じゅうじ》に合うところ、「つま」は左右《さゆう》のすそのはしで、どちらもきちんと合わなくてはならないことから、ものごとの道理《どうり》、すじみちをあらわす。

類 **口裏《くちうら》を合わせる**／二人以上《ふたりいじょう》の間《あいだ》で、すじみちが通るようにする。

お兄《にい》ちゃんもう六時《ろくじ》すぎてるよー
やっべ母《かあ》さんにしかられるぞ!!
おい 母さんには図書館《としょかん》で本《ほん》を読《よ》んでて夢中《むちゅう》になっちゃったって言《い》おうな
図書館にいておそくなっちゃって……
あら 今日《きょう》は図書館お休《やす》みよ話《はなし》のつじつまが合わないわね

つ

ことわざ

つめのあかをせんじて飲《の》む

おかえり あれお兄《にい》ちゃんは？
友達《ともだち》と遊《あそ》びにいったよ
お母《かあ》さん 宿題《しゅくだい》終《お》わったから 歯《は》みがいて ねるね
いい子《こ》だね
アハハハ
それに ひきかえ お兄ちゃんは まだテレビ!?
ジロッ
あっ… いけね 明日《あした》 テストだ
わー てつ夜《や》だ
妹《いもうと》のつめの あかを せんじて 飲ませたいわ

意味《いみ》 すぐれた人《ひと》に、少《すこ》しでも似《に》るように願《ねが》うことのたとえ。

使《つか》い方《かた》 そんなならんぼうな口《くち》をきいて！　心《こころ》のやさしいとなりのみどりさんのつめのあかをせんじて飲みなさい。

参考《さんこう》 「つめのあか」は、わずかなものという意味《いみ》。すぐれた人のつめのあかをもらって、それを薬《くすり》のようにせんじて飲めば、少《すこ》しはその人に近《ちか》づけるだろうという意味から。

「つめ」のつく慣用句《かんようく》
つめをとぐ／つめに火《ひ》をともす

つ

慣用句

つるの一声《ひとこえ》

こんどのお休《やす》みはディズニーランドがいいな
そんなの子《こ》どもの行《い》くところだぞ野球《やきゅう》がいいよねえ父《とう》さん
子どものくせに
それもいいがみんなで温泉《おんせん》に行かないかおいしいもの食《た》べてのんびりだ
こんどの休みは家族全員《かぞくぜんいん》で庭《にわ》の草《くさ》むしり
つるの一声で決《き》まり

意味《いみ》 いろいろな意見《いけん》が出《で》て、ものごとがなかなか決《き》まらないときに、それらの意見をおさえてみんなを従《したが》えてしまう、実力者《じつりょくしゃ》の一言《ひとこと》のこと。

使《つか》い方《かた》 学級委員《がっきゅういいん》のつるの一声で、学園《がくえん》祭《さい》の出《だ》しものの内容《ないよう》が決まった。

参考《さんこう》 気高《けだか》く見《み》えるつるの、一声高《たか》く鳴《な》く鳴き声《ごえ》が、するどく遠《とお》くまでよくひびきわたることから。

「つる」のつくことわざ

つるは千年《せんねん》かめは万年《まんねん》／長生《ながい》きでめでたいことを祝《いわ》うことば。（→二九四ページ参照《さんしょう》）

慣用句

手塩《てしお》にかける

ジャックはある日《ひ》豆《まめ》の種《たね》を手《て》に入《い》れました
やるよ
早《はや》く大《おお》きくな〜れ
手塩にかけて育《そだ》てた豆はぐんぐん生長《せいちょう》していきました
ニョキ
ニョキ
やがて雲《くも》の上《うえ》までのびた豆の木《き》にジャックは…
お〜いだれかいるの？
登《のぼ》っていきましたとさ……

意味《いみ》 自分《じぶん》で直接《ちょくせつ》いろいろ面倒《めんどう》をみて大《たい》切《せつ》に育《そだ》てる。

使《つか》い方《かた》 祖母《そぼ》は手塩にかけて、三人《さんにん》の子《こ》どもを育《そだ》て上《あ》げた。

参考《さんこう》 「手塩」は、自分《じぶん》の好《この》みの味《あじ》つけができるように、それぞれの食膳《しょくぜん》（食《た》べものをのせる台《だい》）に置《お》かれた塩のこと。その塩で、味を自分で調節《ちょうせつ》するように、自分であれこれ世話《せわ》をやく、という意味《いみ》から。

慣用句

手《て》も足《あし》も出《で》ない

ドリブルしてるともってかれちゃうし
バシッ
相手《あいて》のシュートは弾丸《だんがん》ライナー
パン
たまにこっちがシュートをうつと止《と》められちゃう
これじゃあ手も足も出ないよ
試合《しあい》終了《しゅうりょう》

意味《いみ》 方法《ほうほう》や手段《しゅだん》がなく、自分《じぶん》の力《ちから》ではどうすることもできない。

使《つか》い方《かた》 試験《しけん》に出《で》た問題《もんだい》が、あまりにむずかしくて手も足も出なかった。

「手」のつくことわざ・慣用句《かんようく》

手が足《た》りない／はたらく人《ひと》などの人数《にんずう》が足りない。

手が付《つ》けられない／程度《ていど》がひどすぎてどうすることもできない。

手前みそ／自分で作《つく》ったみそを自分でほめる意味《いみ》から、自分のことを自分でほめること。

（手のつく慣用句は一九〇ページ参照《さんしょう》）

て

ことわざ

出物《でもの》はれ物《もの》ところきらわず

なんですか二人《ふたり》ともぎょうぎの悪《わる》い食《た》べ方《かた》ですよ
だってお兄《にい》ちゃんが…
言《い》いわけしてもダメですよ
あら
プ〜ッ
あらおばあちゃんもぎょうぎが悪い
ゴメンね…でもおならは出物はれ物ところきらわずと言ってネ…
言いわけしてるよ
オホホホ

意味《いみ》 おならは、出るときは、時《とき》や場所《ばしょ》に関係《かんけい》なく出てしまうし、おできは、体《からだ》のどこにでも所《ところ》かまわずできるものだということ。

使《つか》い方《かた》 いくら出物はれ物ところきらわずと言《い》っても、せまい車《くるま》の中《なか》で三回《さんかい》もおならをしたお父《とう》さんに、みんなのひなんが集中《しゅうちゅう》した。

参考《さんこう》 「出物」は、おならのこと。「はれ物」は、おできのこと。おならを人前《ひとまえ》でうっかりしてしまったときの、言《い》いわけに使《つか》われる。

ことわざ

天災《てんさい》は忘《わす》れたころにやってくる

こんなテスト見《み》せたらたいへん！
かくさなきゃ
0点
グラッ
地震《じしん》だテーブルの下《した》にかくれなさい!!
あテーブルのうらにかくしたあのときのテストが!!
ヒラリ
?
なんなのコレは！
天災は忘れたころにやってくる！
0点

意味《いみ》 地《じ》しんや台風《たいふう》などの自然災害《しぜんさいがい》は、時間《じかん》がたって、みんながそのひがいのおそろしさを忘れたころに、再《ふたた》びおそってくるものだ。だから日《ひ》ごろから油断《ゆだん》せず、災害にそなえておかなければならないという教《おし》え。

参考《さんこう》 「天災」は、地しんや台風・大雨《おおあめ》の害など、自然の変化《へんか》によって受《う》ける災難《さいなん》のこと。物理学者《ぶつりがくしゃ》で随筆家《ずいひつか》の寺田寅彦《てらだとらひこ》のことば。

同 **災害は忘れたころにやってくる**

「地しん」のつくことわざ

地しんかみなり火事《かじ》おやじ／おそろしいものの順番《じゅんばん》をあらわしたことば。

て

慣用句

天《てん》びんにかける

意味《いみ》 ①二《ふた》つのもののどちらかを選《えら》ぶとき、よしあしや損得《そんとく》などを比《くら》べる。②二つのもののどちらがだめになってもよいように、同時《どうじ》に関係《かんけい》をつけておく。

使《つか》い方《かた》 ①山《やま》と海《うみ》と天びんにかけて、結《けっ》局《きょく》、すずしそうな山に行《い》くことにした。②わたしと奈々《なな》さんはひろしくんに天びんにかけられて、二人ともふられた。

参考《さんこう》 「天びん」とは、両《りょう》はしに皿《さら》のついた、重《おも》さをはかるはかりのこと。ものとおもりをそれぞれの皿にのせて、重さを比べることから。

故事成語 頭角《とうかく》を現《あらわ》す

新入部員
こいつ小《ちい》さいけどだいじょうぶかなァ
人一倍《ひといちばい》練習熱心《れんしゅうねっしん》なやつだ
えいたあ
とー
どれわしが相手《あいて》になろう
タアア
こいつはメキメキ頭角を現しそうだ
とーっ

意味《いみ》 才能《さいのう》や腕前《うでまえ》などが、まわりよりもひときわすぐれて目立《めだ》ってくる。

使《つか》い方《かた》 入団三年目《にゅうだんさんねんめ》の選手《せんしゅ》が、最近《さいきん》めきめきと頭角を現してきて、レギュラーの座《ざ》をつかんだ。

参考《さんこう》 「頭角」は、頭《あたま》の先《さき》という意味《いみ》。大勢《おおぜい》のなかで、飛《と》び出《だ》して目立っている頭ということから。中国《ちゅうごく》の昔《むかし》の詩《し》のことばから。

類 **一頭地《いっとうち》をぬく**／まわりよりも頭一《ひと》つぶん飛び出して目立つ。

のう中《ちゅう》の錐《きり》／才能のある人《ひと》は、どんなところにいてもその才能が目立つものだ。

慣用句

とうげを越《こ》す

今夜《こんや》がとうげですね
てつ夜《や》でかん病《びょう》するからがんばってお父《とう》さん
ゴ〜〜〜ッ
ガーッ
ハッお父さんだいじょうぶ？
うんとうげを越したみたいだうそみたいにスッキリだ

意味《いみ》 ものごとのいちばん盛《さか》んなときや、もっとも危険《きけん》なときを過《す》ぎる。

使《つか》い方《かた》 あの名選手《めいせんしゅ》も、最近《さいきん》は凡《ぼん》プレーが多《おお》くなってきて、そろそろとうげを越《こ》したようだ。／入院《にゅういん》していたおじいさんの病状《びょうじょう》もとうげを越し、体調《たいちょう》も回復《かいふく》に向《む》かっている。

参考《さんこう》 「とうげ」は、山《やま》の坂道《さかみち》をのぼりきった、いちばん高《たか》い所《ところ》。ここからものごとのもっとも盛《さか》んなときや、もっとも危険なときを「とうげ」にたとえた。

類 **盛りを過ぎる／虎口《ここう》を脱《だっ》する**（ひじょうに危険な状態《じょうたい》をのがれる）

ことわざ

灯台《とうだい》もと暗《くら》し

最近《さいきん》ボケちゃってネェ わたしのオサイフ知《し》らないかい
灯台もと暗しだね ちゃんと首《くび》からかけてるよ
あら ほんと
バンザーイ
お礼《れい》におこづかいあげるね
一万円《いちまんえん》! やっぱりボケてるかも…
ホホホ….

意味《いみ》 自分《じぶん》の身近《みぢか》にあることは、かえって気《き》がつきにくいことのたとえ。

使《つか》い方《かた》 遠《とお》くの大書店《だいしょてん》でさがしていた本《ほん》を、近《ちか》くの図書館《としょかん》で見《み》つけた。灯台もと暗しだ。

参考《さんこう》 「灯台」は昔《むかし》の明《あ》かりで、油入《あぶらい》りの皿《さら》を置《お》いて火《ひ》をともした。灯台のすぐ下《した》はかげになって、暗《くら》かったことから。海《うみ》の「灯台」とまちがえないこと。

類 **近くて見えぬはまつげ**

気をつけよう 「もと」は「もともとは」という意味《いみ》ではなく、「下」のこと。

と

ことわざ

豆腐《とうふ》にかすがい

意味《いみ》 まるで手《て》ごたえも、ききめもないことのたとえ。

使《つか》い方《かた》 今年《ことし》はゴキブリが多《おお》くて、殺虫《さっちゅう》ざいをまいても豆腐にかすがいで、少《すこ》しも減《へ》らない。

参考《さんこう》 「かすがい」は、材木《ざいもく》と材木をつなぐ、コの字形《じがた》の金具《かなぐ》のこと。これを、やわらかい豆腐に打《う》ちこんでも、何《なん》のききめもないことから。

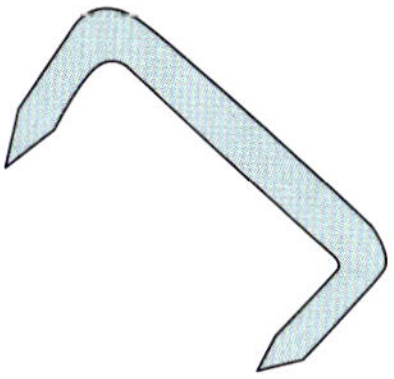

類 **ぬかにくぎ／のれんに腕押《うでお》し**

四字熟語

東奔西走《とうほんせいそう》

こんどの選挙《せんきょ》はなんとしても当選《とうせん》するぞ!!
雨《あめ》の日《ひ》も風《かぜ》の日も街《まち》の商店街《しょうてんがい》から
よろしくおねがいしまーす
山村《さんそん》の農家《のうか》まで
東奔西走したかいがありました
パチ パチ パチ パチ

意味《いみ》 ある目的《もくてき》のために、あちこちいそがしく走《はし》り回《まわ》る。

使《つか》い方《かた》 父《ちち》は、町《まち》にサッカー場《じょう》を作《つく》るために、県庁《けんちょう》や国《くに》の役所《やくしょ》へのお願《ねが》いで東奔西走していた。

参考《さんこう》 「奔」は、いきおいよく走ることから。東《ひがし》や西《にし》に走り回るという意味《いみ》から。

同 **東奔西馳《とうほんせいち》**

類 **南船北馬《なんせんほくば》**／南《みなみ》へは船《ふね》で、北《きた》へは馬《うま》で行《い》くということから、あちらこちらをいそがしく旅《たび》すること。中国《ちゅうごく》では南部《ぶ》は川《かわ》が多《おお》く、北部は山《やま》や平原《へいげん》が多《おお》いことから。

ことわざ

遠《とお》くの親類《しんるい》より近《ちか》くの他人《たにん》

トントン
はい
ど~ぞ
おばあちゃん
おかげんどう?
おかゆ食《た》べられる?
まあ
となりの
おねえさん
すまないねェ
遠くの親類より
近くの他人とは
よくいったもん
だねェ
こまったときは
おたがいさまよ
味《あじ》は
いまいち
だけど
うれしいね
こんどお料理《りょうり》
教《おし》えてね

意味《いみ》 めったに会《あ》わない遠くの親類よりも、いつも顔《かお》を合《あ》わせているとなり近所《きんじょ》の他人のほうが、いざというときにたよりになるものだ。

使《つか》い方《かた》 おむかいのおばさんは、お母《かあ》さんがるすのときなど、いつでもうちにおいで、と言《い》ってくれる。遠くの親類より近くの他人で、とてもたよりになる。

同 **遠い親戚《しんせき》より近くの他人**

類 **遠くのいとこより近くの隣人《りんじん》**

遠水近火《えんすいきんか》／遠くの水《みず》は、近くの火事《かじ》を消《け》すのに役立《やくだ》たない、ということ。

ことわざ

時《とき》は金《かね》なり

ごはんですよ
今夜《こんや》はおにぎりにしてください
入試《にゅうし》まであと二日《ふつか》 時は金なり 少《すこ》しの時間《じかん》もムダにできないのです
わかりましたよ
あ お母《かあ》さん
なーに?
トイレに行《い》く時間ももったいないんだ 代《か》わりに行ってきて
なーに?!

意味《いみ》 時間《じかん》は、お金《かね》と同《おな》じように大切《たいせつ》なものだから、むだに過《す》ごしてはいけない、という教《おし》え。

使《つか》い方《かた》 父《ちち》は時は金なりと言《い》って、会社《かいしゃ》に始業《しぎょう》の二《に》時間前《じかんまえ》に行《い》っているが、午後《ごご》になるとねむくてこまるそうだ。

参考《さんこう》 西洋《せいよう》のことわざから。英語《えいご》ではTime《タイム》 is《イズ》 money《マネー》.という。

「時」のつく慣用句《かんようく》

時をかせぐ／ある目的《もくてき》のために、ほかのことをして時間をひきのばすこと。

時をうしなう／よい機会《きかい》をのがすこと。

ことわざ

所《ところ》変《か》われば品《しな》変《か》わる

さて
大阪城《おおさかじょう》も
見《み》たし
何《なに》か
食《た》べましょう
か？
そば屋
たぬきそば
三《みっ》つ!!
あれ～
おあげが
入《はい》ってるよ
これは
きつねそば
ですよね
関西《かんさい》では
おあげ入《い》りそばを
たぬき言《い》います
ねん
へえ～
所変われば
品変わる
だね

意味《いみ》 地方《ちほう》や場所《ばしょ》によって、ことばや習《しゅう》慣《かん》などがちがう、ということ。

使《つか》い方《かた》 所変われば品変わると言《い》うけれど、最近《さいきん》はスーパーやコンビニが全国《ぜんこく》に行《い》きわたって、全国的《ぜんこくてき》に同《おな》じになってきた。

類 **所変われば水《みず》変わる**／①場所がちがうと水がちがうので、おなかをこわさない注意《ちゅうい》が必要《ひつよう》だ。②「所変われば品変わる」と同じ。

難波《なにわ》の葦《あし》は伊勢《いせ》の浜荻《はまおぎ》／難波（大阪府《おおさかふ》）で葦とよばれている植物《しょくぶつ》が、伊勢（三重県《みえけん》）では浜荻とよばれることから、同じものでも場所によって名前がちがうことのたとえ。

ことわざ

隣《となり》の花《はな》は赤《あか》い

ねェお母《かあ》さん この服《ふく》買《か》って
カワイ〜〜
その服 すてきね 自分《じぶん》で選《えら》んだの？
そう 昨日《きのう》買って もらったの
あー ともみちゃんの服一番《いちばん》すてきね
ア・リ・ガ・ト
そ…そうね
隣の花は赤く見《み》える ものなのよ
お母さんには あなたの服の ほうがすてきに 見えるわよ

意味《いみ》 他人《たにん》のものは、自分《じぶん》のものと比《くら》べて何《なん》でもよく見《み》えて、うらやましく思《おも》える、というたとえ。

使《つか》い方《かた》 妹《いもうと》のケーキのほうが大《おお》きくてうらやましいと言《い》ったら、お母《かあ》さんが「同《おな》じケーキよ。隣の花は赤い、よね」と言った。

参考《さんこう》 隣の庭《にわ》に咲《さ》いている花は、自分の家の庭に咲いている花より赤くて美《うつく》しく見えるという意味《いみ》から。

同 人《ひと》の花は赤い／よその花は赤い

類 隣の飯《めし》はうまい／隣の芝《しば》は青《あお》い／垣《かき》の向《む》こうの芝はいつも青く見える

と

慣用句 途方《とほう》に暮《く》れる

明日《あす》から待望《たいぼう》の夏休《なつやす》みだ
勉強《べんきょう》もしっかりやるように
これからドリルをくばります
こんなにあるんじゃ途方に暮れちゃうよ
毎日《まいにち》コツコツやればだいじょうぶよ
そして夏休みも終《お》わり
どうしたの?
結局《けっきょく》途方に暮れてます

意味《いみ》 迷《まよ》って、どうしたらよいか分《わ》からなくなる。

使《つか》い方《かた》 ハイキングの途中《とちゅう》で道《みち》に迷ってしまい、途方に暮れた。

参考《さんこう》 「途方」は、進《すす》む方向《ほうこう》・手段《しゅだん》・てだての意味《いみ》。「暮れる」は、どうしたらよいかわからなくなる、という意味。

同 **途方に迷う／途方を失《うしな》う**

「途方」のつく慣用句《かんようく》

途方もない／物事《ものごと》の程度《ていど》が、他《た》とかけはなれているようす。また、すじみちに合《あ》わないようす。「途方」は、すじみち、道理《どうり》などの意味。

と

ことわざ

捕《と》らぬたぬきの皮算用《かわざんよう》

はいお年玉《としだま》 今年《ことし》は多《おお》めに入《い》れといたぞ
ラッキー
あっ それから な…
あと おじいちゃんとおじさんとおばさんと… まだまだふえるぞ
エーっ! 今年はおじさんもおばさんも来《こ》ないの~ ということは!
捕らぬたぬきの皮算用をしないように
ショックー
ガクリ

意味《いみ》 まだ手《て》に入《はい》るかどうかわからないものをあてにして、そのもうけの計算《けいさん》をしたり、あれこれ計画《けいかく》を立《た》てたりすることのたとえ。

使《つか》い方《かた》 兄《あに》は、雑誌《ざっし》のけん賞《しょう》を出《だ》したばかりなのに、一等《いっとう》が当《あ》たったらどうしようと、捕らぬたぬきの皮算用をしている。

参考《さんこう》 まだたぬきをつかまえてもいないうちから、その毛皮《けがわ》を、いくらで売《う》ろうか、売ったらいくらもうかるかなどの計算をするという意味《いみ》から。

類 **もうけぬ前《まえ》の胸算用《むなざんよう》**

故事成語

とらの威《い》を借《か》るきつね

オラオラ
どきな 今日《きょう》から ここは おれ様《さま》の 場所《ばしょ》だぞ
もし ここで 遊《あそ》びた かったら おれ様の 許可《きょか》を 取《と》ること
そんな
おうぼうだ
あ オレ 急用《きゅうよう》思《おも》い だした
え
おいおい 行《い》っちゃう のかよ
ま みんな 仲良《なかよ》く やろうな
フン とらの威 を借る きつねめ

意味《いみ》 弱《よわ》い者《もの》が、強《つよ》い者の力《ちから》を借りていばることのたとえ。

使《つか》い方《かた》 まさしくんは、いつも強い友達《ともだち》といっしょにいていばっている。とらの威を借るきつねだ。

参考《さんこう》 とらにつかまったきつねが、「わたしは天《てん》の神《かみ》の使《つか》いだから、食《た》べるとばちが当《あ》たる。うそだと思《おも》うならついてこい」と言《い》い、とらを連《つ》れまわした。すると、ほかの動物《どうぶつ》がキツネの後《うし》ろにいるとらをおそれてにげるのを見《み》て、とらはきつねの言うことを信《しん》じた、という中国《ちゅうごく》の古《ふる》い話《はなし》より。

慣用句

取《と》り付《つ》く島《しま》もない

今日《きょう》はぬきうちテストやるぞ
えーっ
こんなの聞《き》いてないよー
むずかしすぎて取り付く島もないね
なんですこの点数《てんすう》は!!
そろそろ息子《むすこ》を助《たす》けてやりたいが母《かあ》さんのおこり方《かた》は取り付く島もないなぁ

意味《いみ》 ①相手《あいて》のたいどがきびしくて、話《はな》しかけたり、ふんい気《き》をやわらげたりする手《て》がかりがなくどうしようもないようす。②解《かい》決《けつ》の手がかりがなく、どうしようもないようす。

使《つか》い方《かた》 ①夕《ゆう》べけんかしたお姉《ねえ》ちゃんは朝《あさ》からきげんが悪《わる》く、ぶすっとしていて取り付く島もない。②問題《もんだい》がむずかしすぎて、取り付く島もない。

参考《さんこう》 「島」は、手がかりや助《たす》けになるもののことをさす。

類 にべもない／素《そ》っ気《け》もない／すげない

と

慣用句

飛《と》んで火《ひ》に入《い》る夏《なつ》の虫《むし》

今日《きょう》は病気《びょうき》のお見舞《みま》いよ
いいことを聞《き》いたぞ
おばあさんごきげんいかが?
まあお見舞いにきてくれたのかい
フフフ飛んで火に入る夏の虫
それはお前《まえ》のほうだよ
ゲゲゲ

意味《いみ》 自分《じぶん》からわざわざ危険《きけん》なところに飛びこんでいき、わざわいを受《う》けることのたとえ。

使《つか》い方《かた》 警官《けいかん》が大勢《おおぜい》で待《ま》ちぶせしているところへにげてくるなんて、あのどろぼうは、飛んで火に入る夏の虫だ。

参考《さんこう》 虫は明《あか》るいところに飛んでいく性質《せいしつ》があり、夏の夜《よる》に、虫が火の中《なか》に飛びこんでやかれるということから。英語《えいご》では、「ろうそくのまわりを長《なが》く飛びまわるはえは、やがて羽《はね》をやいてしまう」という意味《いみ》のことばになる。

ことわざ

とんびがたかを産《う》む

意味《いみ》 ふつうの平《へい》ぼんな親《おや》から、とても優秀《ゆうしゅう》な子《こ》どもが産まれるたとえ。

使《つか》い方《かた》 音楽《おんがく》があまり得意《とくい》でないわたしの子どもが、りっぱなピアニストになるなんて、とんびがたかを産んだようなものだ。

参考《さんこう》 どこにでもいる「とんび」が、りっぱな「たか」を産むという意味《いみ》から。「とんび」は「とび」ともいう。

「とんび」のつく慣用句《かんようく》

とんびに油揚《あぶらあ》げをさらわれる／大切《たいせつ》なものや、もう少《すこ》しで自分《じぶん》のものになるところだったものを、とつぜんわきからとられてしまう。

バシッ
バシ
このたびノーベル科学賞《かがくしょう》を受賞《じゅしょう》されましたとびた博士《はかせ》です
バシッ
報道
この喜《よろこ》びをまずどなたに伝《つた》えたいですか
父《ちち》と母《はは》です
母《かあ》さんあんなこと言《い》ってるよ泣《な》かせるね
グスッ
とんびがたかを産むってこのことねぇ
ああおれとんびね

ことわざ

ない袖《そで》は振《ふ》れない

ねェ　ママ
新《あたら》しいゲーム
ソフト買《か》ってよ
ダメよ
そのゲームだって
買ったばかりじゃ
ない
絶対《ぜったい》ダメ
お金《かね》がないの
ない袖は
振れないの!!
ゲーム
ばかりして
ないで
勉強《べんきょう》し
なさい
ちぇ
ゲーム機《き》
とりあげ
られちゃった

意味《いみ》 何《なん》とかしてやりたいと思《おも》っても、力《ちから》やお金《かね》などがないので、どうしてやることもできないことのたとえ。

使《つか》い方《かた》 買《か》いたいものがあったので、お母《かあ》さんにお金《かね》を借《か》りようとしたら、給料前《きゅうりょうまえ》だからない袖は振れないわと言《い》われた。

参考《さんこう》 着物《きもの》に袖がついていなければ、袖を振りたくても振れないことから。多《おお》くはお金について使《つか》われる。

「袖」のつく慣用句《かんようく》

袖にする／冷《つめ》たくする。

袖をつらねる／いっしょに行《い》く。

な

ことわざ

泣《な》き面《つら》にはち

また母《かあ》さんにしかられる
0点
なんなのこのテストは今夜《こんや》は食事《しょくじ》ぬきですよ
もっと勉強《べんきょう》しなさーい
カチャ
テレビも食事もぬきなんて泣き面にはちだね
ウ〜〜ン
ほらお夜食《やしょく》

意味《いみ》 こまっているときに、さらにこまることが起《お》こることのたとえ。

使《つか》い方《かた》 お金を落《お》とすし、ころんでひざをすりむくし、泣き面にはちとはこのことだ。

参考《さんこう》 泣いてむくんだ顔《かお》を、さらにはちがさすという意味《いみ》から。「泣き面」は「泣きっ面」ともいう。

類 **弱《よわ》り目《め》にたたり目**／**痛《いた》む上《うえ》に塩《しお》をぬる**／**踏《ふ》んだりけったり**

「泣く」のつく慣用句《かんようく》

泣きを入《い》れる／泣くようにしてたのみこむ。

泣きを見《み》る／かなしい目やつらい目に合《あ》う。

な

ことわざ

鳴《な》くまで待《ま》とうほととぎす

あっ きれいな鳥《とり》!!
鳴《な》き声《ごえ》を聞《き》きたいね……
早《はや》く鳴かないかなぁー
なかなか鳴かないね
鳴くまで待とうほととぎすだよ いつまでも待とうよ
ほととぎすじゃなくてうぐいすなんだけど……

意味《いみ》 チャンスがくるまで、あせらずにしんぼう強《づよ》く待っていようということ。

使《つか》い方《かた》 釣《つ》りに行《い》ったが、かれこれ三時《さんじ》間《かん》何《なに》も釣《つ》れない。こうなれば、釣れるまでは帰《かえ》らないぞ。鳴くまで待とうほととぎすだ。

参考《さんこう》 徳川家康《とくがわいえやす》のがまん強い性格《せいかく》を表《ひょう》現《げん》した有名《ゆうめい》な句《く》、「鳴かぬなら鳴くまで待とう時鳥《ほととぎす》」から。これに対《たい》して、織田信長《おだのぶなが》なら「鳴かぬなら殺《ころ》してしまえ時鳥」、豊臣秀吉《とよとみひでよし》なら「鳴かぬなら鳴かしてみしょう時鳥」とよむだろうと、それぞれの性格をうまく表現した句もある。

ことわざ

情《なさ》けは人《ひと》のためならず

道《みち》に迷《まよ》っちゃったんだけど
三河屋《みかわや》さんのおばあちゃんじゃないですか
あたしが送《おく》ってあげますよ
ありがとうよ
これはほんのお礼《れい》だよ
ええーこんなに!!
情けは人のためならずといってね
自分《じぶん》にもよいむくいとなるものなんだよ

意味《いみ》 人《ひと》に親切《しんせつ》にしたり、情けをかけたりすれば、それはいつかめぐりめぐって、自《じ》分《ぶん》にとってよいこととなって返《かえ》ってくる。だから、人には親切にしなさい、という教《おし》え。

使《つか》い方《かた》 デパートで迷子《まいご》になっていた小《ち》さ《い》い子《こ》を案内所《あんないじょ》までつれていったら、わたしの妹《いもうと》が迷子になって案内所にいた。情けは人のためならず、だ。

気をつけよう 情けをかけると、その人のためにならないからよくない、という反対《はんたい》の意《い》味《み》にとらない。

同 **親切はむだにならない**

慣用句

七転《ななころ》び八《や》起《お》き

目標《もくひょう》は
東大《とうだい》のみ！
絶対合格《ぜったいごうかく》
するんだ！
めざせ
東大!!
結《けっ》こんして
もあきらめ
ないのね
くじける
もんか
お父《とう》さん
がんばって
くじける
もんか
おじいちゃん
おめでとう
七転び八起き
ついに合格
したんじゃ
合格

意味《いみ》 何回《なんかい》失敗《しっぱい》してもくじけずに、勇気《ゆうき》を出《だ》してがんばること。また、人生《じんせい》は失敗や成功《せいこう》を何回もくり返《かえ》すものだというたとえ。

使《つか》い方《かた》 おばあちゃんは、若《わか》いときに家《いえ》が火事《かじ》で燃《も》えたり病気《びょうき》になったりしたが、七転び八起きの精神《せいしん》で生《い》きぬいた。

参考《さんこう》 七回《ななかい》転んでも八回《はっかい》起き上《あ》がる勢《いきお》い、という意味《いみ》から。

気をつけよう 形《かたち》のよく似《に》たことばに「七転八倒《しちてんばっとう》」があるが、これは「苦《くる》しくて転がりまわる」という意味。

同 七転八起《しちてんはっき》

慣用句

涙《なみだ》をのむ

ツーアウト満塁《まんるい》
ここをおさえたら優勝《ゆうしょう》だ
カキーン
あっ
ガク
逆転満塁《ぎゃくてんまんるい》ホームラン
山田高校《やまだこうこう》あと一人《ひとり》で涙をのみました!!
プロ野球 ○○○○
入団会見
あのとき涙をのんだくやしさで
今《いま》のぼくがあるのです

意味《いみ》 ひじょうにくやしいことやつらいことをじっとがまんするたとえ。

使《つか》い方《かた》 入学試験《にゅうがくしけん》の前《まえ》なので、てつ夜《や》でならんでチケットを手《て》に入《い》れたコンサートを、涙をのんであきらめた。

参考《さんこう》 涙が出《で》そうになるのをぐっとこらえるということから。

「涙」のつく慣用句《かんようく》

涙にくれる／悲《かな》しみのあまり泣《な》いてくらす。

涙にまよう／悲しくて、これからどうしたらよいかわからなくなる。

涙をふるって／同情《どうじょう》や個人的感情《こじんてきかんじょう》をすてて。

ことわざ

習《なら》うより慣《な》れよ

するってえと何《なん》だな……
おまえは落語《らくご》のまねがうまいなぁ
お父《とう》さんぼくに落語教《おし》えてよ!!
え!うんそうだな……
まず人前《ひとまえ》でやってみなさい!!
テレビ寄席
え!いきなり
子どもらくご
ふふふ習うより慣れよだがんばれよ
え〜ひとつバカバカしい
ワハハ

意味《いみ》 ものごとは、人《ひと》から学《まな》んだり、本《ほん》を読《よ》んだりして覚《おぼ》えるより、じっさいに自分《じぶん》でやって慣れるほうが、早《はや》く身《み》につくという教《おし》え。

使《つか》い方《かた》 お兄《にい》さんに水泳《すいえい》を教えてもらおうと思《おも》ったら、習うより慣れよだと言《い》って、いきなりプールに入《い》れられた。

「習う」のつく慣用句《かんようく》

習うは一生《いっしょう》／人間《にんげん》は何才《なんさい》になっても学ぶことがあり、一生、勉強《べんきょう》の連続《れんぞく》だというたとえ。

習わぬ経《きょう》は読《よ》めぬ／知《し》らないことはいくらやれと言われてもできない。

ことわざ

二階《にかい》から目薬《めぐすり》

すてきな服《ふく》ね!
お誕生日《たんじょうび》プレゼントなの
わたしもあんな服がほしいな…
でもお誕生日はまだ先《さき》だし……
お母《かあ》さんわたしよく男《おとこ》の子《こ》にまちがわれるのよ
あらボーイッシュですてきよ
そうじゃなくて~
うわ~ん
もう何《なに》が言《い》いたいの!二階から目薬でじれったいわね!!

意味《いみ》 まわりくどくて効《き》き目《め》のないことのたとえ。また、話《はなし》などが遠回《とおまわ》しのため、もどかしく、じれったいことのたとえ。

使《つか》い方《かた》 いさむくんの話《はな》し方《かた》はいつもまわりくどくて結論《けつろん》がよくわからず、二階から目薬の話ばかりだ。

参考《さんこう》 二階から下《した》にいる人《ひと》に目薬をさしても、うまく入《はい》らないことから。

同 **天井《てんじょう》から目薬**
二階から目薬をさす

類 **隔靴掻痒《かっかそうよう》** (↓八〇ページ参照《さんしょう》)

ことわざ

逃《に》げるが勝《か》ち

おぼえてろー
必《かなら》ず仕返《しかえ》ししてやるからな!
だいじょうぶか あいつ また来《く》るぞ
いつでもかかってこいってとこだね
ワッ来《き》た!
プロレスラー連《つ》れてきた!!
逃げるが勝ちだな
キョトン
?
プロレス道場

意味《いみ》 場合《ばあい》によっては、まともに戦《たたか》わずに、ひとまずにげたほうが、かえって勝ちや利益《りえき》につながることもあるということ。

使《つか》い方《かた》 話好《はなしず》きな親《しん》せきのおじさんに話《はな》しかけられると長《なが》くなるので、おじさんの姿《すがた》がちらっとでも見《み》えたら逃げるが勝ちだよ。

類 **負《ま》けるが勝ち/三十六計《さんじゅうろっけい》逃げるにしかず**

「逃がす」のつくことわざ

逃がした魚《さかな》は大《おお》きい/手《て》に入《い》れかけたのに失《うしな》ってしまったものは、必要以上《ひつよういじょう》におしく感《かん》じられ、じっさいよりもすぐれたものと思《おも》えるということ。

に

慣用句

二足《にそく》のわらじをはく

カキーン
どんなもんだい
ご苦労《くろう》さん
時間《じかん》だぞ
それじゃ今日《きょう》はここまで
大変《たいへん》だな
サッカー部《ぶ》と二足のわらじは大変
ポーン

意味《いみ》 一人《ひとり》で、種類《しゅるい》のちがう二《ふた》つの仕事《しごと》をこなすたとえ。

使《つか》い方《かた》 ぼくのおじさんは、銀行員《ぎんこういん》と作曲家《さっきょくか》の二足のわらじをはいていて、いつもいそがしそうだ。

参考《さんこう》 「わらじ」は、わらで作《つく》ったはきもの。江戸時代《えどじだい》、ばくち打《う》ちで、罪人《ざいにん》をとらえる役人《やくにん》をかねた人《ひと》を「二足のわらじ」と言《い》ったことから。

「わらじ」のつく慣用句《かんようく》

わらじを脱《ぬ》ぐ／旅《たび》を終《お》える。宿《やど》にとまる。

わらじをはく／旅《たび》に出《で》る。

ことわざ

二度《にど》あることは三度《さんど》ある

骨つぎ
骨折《こっせつ》だって…
ついてないなぁ
わっ
今日《きょう》は
ついてないなぁ
二度あることは
三度あるだ
気《き》をつけよう
これが
三度目《め》
か…
なんです!
そのあり
さまは!

意味《いみ》 同《おな》じようなことが二度起《お》これば、続《つづ》いてもう一度《いちど》起こることが多《おお》いものだ。ものごとはくり返《かえ》し起こることが多いから、注意《ちゅうい》しなさいという教《おし》え。

使《つか》い方《かた》 今日《きょう》は二回《にかい》も転《ころ》んでしまった。二度あることは三度あるというから、一日中《いちにちじゅう》気《き》をつけていたが、家《いえ》に帰《かえ》ってから、また転んでしまった。

参考《さんこう》 英語でEverything《エブリスィング》 comes《カムズ》 in《イン》 threes《スリーズ》.(あらゆる物事《ものごと》は続《つづ》けて起《おこ》る)。

反対の意味 **柳《やなぎ》の下《した》のどじょう** (→二六四ページ参照《さんしょう》)

に

ことわざ

盗人《ぬすびと》を見《み》て縄《なわ》をなう

今日《きょう》は海《うみ》づり
大物《おおもの》をつるぞ
おお〜っ
魚《さかな》がウヨウヨいるぞ！
えさの付《つ》け方《かた》はどうするんだっけ？
つりの入門書《にゅうもんしょ》によると……
エサは……
なるほど
ええー!!
これじゃあ盗人を見て縄をなうだな
つり入門書

意味《いみ》 ものごとや事件《じけん》が起《お》こってから、あわてて解決《かいけつ》する方法《ほうほう》を考《かんが》えるようす。準備《じゅんび》がおくれてまにあわないことのたとえ。また、無計画《むけいかく》でいきあたりばったりなこと。

使《つか》い方《かた》 料理《りょうり》のとちゅうで材料《ざいりょう》を買《か》いに行《い》くなんて準備がたりないな。盗人を見て縄をなう、だよ。

参考《さんこう》 「なう」とは、何本《なんぼん》もの糸《いと》やわらなどをねじり合《あ》わせて一本《いっぽん》のひもやなわにする。どろぼうの姿《すがた》を見てから、あわててしばるための縄をつくることから。

同 **泥棒《どろぼう》を捕《と》らえて縄をなう**

ことわざ

ぬれ手《て》であわ

あ きたない つぼ
モク
モク
よくつぼを拾《ひろ》って くれた 願《ねが》いを一《ひと》つ かなえて やろう
ほんと ですか
ぬれ手であわとは このことだ
財宝《ざいほう》が わいて出《で》てくる 宝箱《たからばこ》!!

意味《いみ》 たいした努力《どりょく》もしないで、らくらくと大《おお》きな利益《りえき》を得《え》るたとえ。

使《つか》い方《かた》 となり村《むら》では、畑《はたけ》の中《なか》にとつぜん温泉《おんせん》がわいて、観光客《かんこうきゃく》がおしかけ、村はぬれ手であわの大《おお》もうけだ。

参考《さんこう》 「あわ（粟）」はいねの仲間《なかま》のこくもつで、昔《むかし》は米《こめ》や麦《むぎ》と同《おな》じように大切《たいせつ》な食《た》べ物《もの》。実《み》は小《ちい》さなつぶで、ぬれた手であわをつかむと、手にくっついてかんたんにたくさんつかみ取《と》れることから。

類 一《いっ》かく千金《せんきん》

気をつけよう 「ぬれ手で泡《あわ》」はまちがい。

ぬ

慣用句 願《ねが》ったりかなったり

今週《こんしゅう》からそうじ当番《とうばん》かついてないな
早《はや》く帰《かえ》って見《み》たいテレビあるのになー
よかったらボク代《か》わってあげようか
ピューーッ
願《ねが》ったりかなったりだじゃよろしくなー
こっちこそ願《ねが》ったりかなったり
おてつだいありがとう

意味《いみ》 自分《じぶん》の望《のぞ》みどおりで、ひじょうにつごうがよい。

使《つか》い方《かた》 飼育係《しいくがかり》のしろうくんに、係《かかり》を代《か》わってくれないかとたのまれた。ぼくは動物《どうぶつ》が大好《だいす》きだから願ったりかなったりだった。

類 **願ってもない**／たとえそう望んでもできそうにないことが、思《おも》いがけなく実現《じつげん》するときのうれしさをあらわすことば。

願うところの幸《さいわ》い／願ったとおりの幸運《こううん》がおとずれること。

「願《がん》」のつく慣用句《かんようく》

願をかける／望みがかなうよう神仏《しんぶつ》に祈《いの》る。

ね

ことわざ

猫《ねこ》に小判《こばん》

なんだ
この
成績《せいせき》は！
百科事典《ひゃっかじてん》
買《か》って
やるから
ドーン
ドシッ
これを
使《つか》って成績を
上《あ》げてみせろ
わかったよ
猫に小判
だったか…

意味《いみ》 どんなに値打《ねう》ちがあるものでも、その値打ちがわからない者《もの》にとっては何《なん》の役《やく》にも立《た》たず、むだであるというたとえ。

使《つか》い方《かた》 小学生《しょうがくせい》の子《こ》どもにこんなりっぱなうで時計《どけい》を買《か》ってやるなんて。きっと猫に小判だよ。

参考《さんこう》 「小判」は、昔《むかし》のお金《かね》。金《きん》でつくられ、非常《ひじょう》に高価《こうか》だった。猫に小判をあたえても、そのありがたみがわかってもらえないという意味《いみ》から。

同 猫の前《まえ》へ小判

類 豚《ぶた》に真珠《しんじゅ》／馬《うま》の耳《みみ》に念仏《ねんぶつ》

慣用句

猫《ねこ》の手《て》も借《か》りたい

ああ
いそがしい
魚屋
猫の手も
借りたい
くらいだ
かんちがい
するなよ
お前《まえ》のこと
じゃないいん
だ……
ニャ〜〜!
それぐらい
いそがしい
ってこと!
しめしめ

意味《いみ》 とてもいそがしいようす。また、いそがしいのに、働《はたら》く人《ひと》が足《た》りず、だれでもいいから手伝《てつだ》いがほしいことのたとえ。

使《つか》い方《かた》 さくらんぼの農家《のうか》では、六月《ろくがつ》、取《と》り入《い》れで、猫の手も借りたいいそがしさだ。

参考《さんこう》 人手《ひとで》が足りなくて、猫にも手伝ってもらいたいぐらいだ、という意味《いみ》から。

「猫」のつく慣用句《かんようく》

猫の目《め》のように変《か》わる／人の気持《きも》ちやものごとのようすが次《つぎ》つぎに変わるようす。猫のひとみは明《あか》るさによって細《ほそ》くなったり、丸《まる》くなったりすることから。

ね

慣用句

寝《ね》た子《こ》を起《お》こす

ママー
くまさん買《か》って!!
こんな高《たか》いのはむりよ
あっちで風船《ふうせん》くばってるわ
さっきのくまさんのほうが可愛《かわい》いよー
寝た子を起こしてしまったわね

意味《いみ》 おさまって落《お》ちついているものごとに、よけいなことをして、また問題《もんだい》をひきおこしてしまうことのたとえ。また、せっかく忘《わす》れていたことを思《おも》い出《だ》させてしまうことのたとえ。

使《つか》い方《かた》 遊園地《ゆうえんち》に行《い》きたいとだだをこねていた妹《いもうと》をやっとなだめたのに、テレビで遊園地のコマーシャルが流《なが》れたので寝た子を起こすこととなった。

参考《さんこう》 ようやく寝ついた子どもを、わざわざ起こして泣《な》かせてしまうという意味《いみ》から。

ことわざ

寝《ね》耳《みみ》に水《みず》

それではテストを始《はじ》めます
え〜〜っ
聞《き》いてないよー
寝耳に水だ！
昨日《きのう》ちゃんと言《い》いましたよ
ええ〜!!
ごめんなさいクラスまちがったわ
3-2
あ
ガ〜ン

意味《いみ》 思《おも》いがけないことが、とつぜん起《お》こってひどくおどろくことのたとえ。

使《つか》い方《かた》 プロ野球《やきゅう》の二《ふた》つの球団《きゅうだん》が合併《がっぺい》するという、選手《せんしゅ》には寝耳に水のニュースが流《なが》れた。

参考《さんこう》 寝ているときに、耳に水を入《い》れられてひどくびっくりする意味《いみ》から。もともとは昔《むかし》、ねむっている間《あいだ》に大水《おおみず》の大きな音《おと》が聞《き》こえてびっくりするようすという意味だったという。

類 **青天《せいてん》のへきれき**／晴《は》れた空《そら》に、急《きゅう》にはげしくかみなりが鳴《な》ることから。

ね

慣用句

根《ね》も葉《は》もない

ねぇ近所《きんじょ》のお寺《てら》にユウレイが出《で》るんだって　夜《よる》行《い》ってみない？
えっ ほんと
きゃ〜
な〜んだ 山門《さんもん》の仁王《におう》さまじゃない
これをユーレイとまちがえたのね
ほんと いやねえ
根も葉もないうわさをする人《ひと》がいてこまっちゃうわ……
ゴ〜ン
ゴ〜ン

意味《いみ》 事実《じじつ》だという何《なん》のしょうこもよりどころもなく、でたらめであること。

使《つか》い方《かた》 ぼくがこの間《あいだ》かぜで一日《いちにち》休《やす》んだら、サッカーの中継《ちゅうけい》を見《み》ていたという根も葉もないうわさを立《た》てられた。

参考《さんこう》 「根」は、うわさなどの元《もと》となっているよりどころやしょうこをさすことば。

「根」のつく慣用句《かんようく》

根ほり葉ほり／とても細《こま》かいことまでしつこく聞《き》いたり、調《しら》べたりするようす。

根にもつ／あることをうらんで、いつまでも忘《わす》れない。

ね

慣用句

年貢《ねんぐ》の納《おさ》め時《どき》

怪盗《かいとう》じろ吉《きち》
とうとう追《お》いつめたぞ
ついに年貢の納め時だな
観念《かんねん》しろ
わかった
盗《ぬす》んだ金《かね》は返《かえ》してやるよ……
バラ
バラ
バラ
それもってきな！
ワーッ
へへ
つかまってたまるか

意味《いみ》 悪《わる》いことをくり返《かえ》してきた者《もの》がとらえられて、つみをつぐなうことのたとえ。また、長《なが》い間続《あいだつづ》けてきたことを、あきらめて終《お》わりにするときをいうたとえ。

使《つか》い方《かた》 あの悪人《あくにん》もついにつかまったか。今度《こんど》ばかりは年貢の納め時だろう。／独身生《どくしんせい》活《かつ》を楽《たの》しんでいたお姉《ねえ》ちゃんも、とうとう結婚《けっこん》するそうだ。年貢の納め時といったところだね。

参考《さんこう》 「年貢」は、今《いま》の税金《ぜいきん》のこと。ずっと納めていなかった年貢を、ついにはらわなければならない時《とき》、の意味《いみ》。

ことわざ

念《ねん》には念を入《い》れる

さあ今日《きょう》は年《ねん》に一度《いちど》の家族旅行《かぞくりょこう》だ
戸じまりはよし
ガスの元《もと》せんはちゃんとしめたわ
念には念を入れてもう一回《いっかい》点検《てんけん》しよう
電気《でんき》も全部《ぜんぶ》消《け》したよ
二階《にかい》の窓《まど》もちゃんとチェックしたわ
それでも念には念を入れて……
ワイワイ
ガヤガヤ
いつまでやってんだよこの家族は！早《はや》く出かけろよ

意味《いみ》 細《こま》かいところまで注意《ちゅうい》をしたうえに、さらによく注意しなさいという教《おし》え。

使《つか》い方《かた》 時間《じかん》より早《はや》く問題《もんだい》がとけたので、まちがいのないよう念には念を入れて検算《けんざん》をしてみた。

同 **念の上《うえ》にも念**

ね

類 **石橋《いしばし》をたたいてわたる**（→三二ページ参《さん》照《しょう》）／**転《ころ》ばぬ先《さき》の杖《つえ》**（→一一二ページ参照）

「念」のつく慣用句《かんようく》

念を押《お》す／まちがいのないように、相手《あいて》にもう一度《いちど》確《たし》かめたり、じゅうぶんに注意したりする。

ことわざ

能《のう》あるたかはつめをかくす

まいった
強《つよ》〜い すてき!!
ガリ勉《べん》 秀才《しゅうさい》の委員長《いいんちょう》が 柔道《じゅうどう》の達人《たつじん》 だったなんて
能あるたかは つめをかくすね
!
!
兄《にい》さん おめでとう
たいした ことないさ
双子《ふたご》だった のね

意味《いみ》 本当《ほんとう》に実力《じつりょく》や才能《さいのう》がある人《ひと》は、ふだんはそれをかくして、むやみに人に見《み》せびらかしたりしない、ということのたとえ。

使《つか》い方《かた》 家族《かぞく》でテレビのクイズ番組《ばんぐみ》を見ていたら、ふだんは目立《めだ》たない町内《ちょうない》のおばさんが、全問正解《ぜんもんせいかい》だった。能あるたかはつめをかくすだねと、お父《とう》さんが言《い》った。

参考《さんこう》 するどいつめでえものを確実《かくじつ》につかまえるたかは、えものをとらえるとき以《い》外《がい》は、そのつめをかくしている、ということから。

類 **能ある猫《ねこ》はつめをかくす**

ことわざ

残《のこ》り物《もの》には福《ふく》がある

○○町会 夏休み○○○○○
子供会福引所
福引《ふくび》き引《ひ》かせて
ハイど～ぞ
ぼくが最後《さいご》か
残り物には福があると言《い》うのよ
もう当《あ》たるわけないよな
ガラガラ
コトン
やったー!
ドン
大当《おおあ》たり! 一等賞《いっとうしょう》よ 賞品《しょうひん》は参考書《さんこうしょ》十冊《じっさつ》よ!!

? 意味《いみ》 人《ひと》が先《さき》に選《えら》び取《と》って残った物に、思《おも》いがけなくいい物があるものだ。先を争《あらそ》って手《て》を出《だ》すようなことをしない人に、思いがけない幸運《こううん》があるものだ、ということ。

使《つか》い方《かた》 くじ引《び》きの順番《じゅんばん》は最後《さいご》だったが、残り物には福があるで、ほしいと思っていた物が当《あ》たった。

参考《さんこう》 「福」は、しあわせ、幸運などの意味《いみ》。

類 **残り物に福あり**／**あまり物には福がある**／**残り物も数《かず》の内《うち》**／残った物にもほかの物と同《おな》じ価値《かち》があるものだ。

の

ことわざ

のど元《もと》過《す》ぎれば熱《あつ》さを忘《わす》れる

うう おなかが いたい
アイスを こんなに 食《た》べれば あたりまえよ
グルルルル
これにこりて 食べすぎには 注意《ちゅうい》してね
もう しません
一週間後《いっしゅうかんご》
のど元過ぎれば 熱さを忘れるね またおなかいたく なるわよ
バリバリ
おせんべい は別《べつ》だよ
スナック
ボリボリ

意味《いみ》

苦《くる》しいことやつらいことも、過ぎ去《さ》ってしまえば、忘れてしまうものだというたとえ。また、人《ひと》に受《う》けた恩《おん》も、時間《じかん》がたってしまえば、忘れてしまうものだ、というたとえ。

使《つか》い方《かた》

虫歯《むしば》がいたくて歯医者《はいしゃ》に通《かよ》っていたときは、毎日食後《まいにちしょくご》に歯みがきをしていたが、歯が治《なお》ったら、のど元過ぎれば熱さを忘れるで、一日一回《いちにちいっかい》がやっとになった。

参考《さんこう》

熱いものを食《た》べるとき、飲《の》みこむまでは熱くてたまらないが、飲みこんでしまえば熱さを感《かん》じないということから。

慣用句

乗《の》りかかった船《ふね》

ぼく文章《ぶんしょう》ヘタだからさーラブレターの代筆《だいひつ》してくんない？
ああいいよ
あのこなんだ
かわいい〜〜
乗りかかった船だ直接《ちょくせつ》ぼくがわたしてあげる
そう……
これぼくが書《か》いたラブレターです
なんか心配《しんぱい》だな

意味《いみ》 一度《いちど》かかわったことは、途中《とちゅう》でやめるわけにはいかないということのたとえ。

使《つか》い方《かた》 乗りかかった船だから、この鉄道模型《てつどうもけい》が完成《かんせい》するまでは、ぼくもいっしょにがんばるよ。

参考《さんこう》 いったん港《みなと》を出《で》てしまった船からは、目的地《もくてきち》に着《つ》くまで降《お》りられないということから。

「船」のつく慣用句《かんようく》

船をこぐ／いねむりをする。いねむりをすると、船をこぐときのように、からだが前後《ぜんご》にゆれることから。

の

慣用句

歯《は》が浮《う》く

新作《しんさく》ゲーム欲《ほ》しいなあ
ゲームばかりして！目《め》が悪《わる》くなるわよ!!
お母《かあ》さんそんなこわい顔《かお》したらせっかくの美《び》ぼうが台《だい》なしですよ
そんな歯が浮くようなセリフ
新作ゲームなんて買《か》いませんよ！
やっぱり

意味《いみ》 ①相手《あいて》の見《み》えすいたおせじや、きざなことばで、いやな気持《きも》ちになるたとえ。②歯の根元《ねもと》がゆるんで、歯が浮き上《あ》がるように感《かん》じる。また、いやな音《おと》を聞《き》いたり、すっぱいものを食《た》べたりしたとき、歯の根元がゆるむように感じて気分《きぶん》が悪《わる》くなる。②がもとの意味《いみ》。

使《つか》い方《かた》 弟《おとうと》はおこづかいがほしくなると、歯が浮くようなおせじで、お母《かあ》さんのごきげんをとる。

「歯」のつく慣用句《かんようく》

歯が立《た》たない／歯に衣《きぬ》を着《き》せない

は

慣用句

はしにも棒《ぼう》にもかからない

ワンワンコンテスト
100万円
がんばろーな ポロ
優勝賞金《ゆうしょうしょうきん》
百万円《ひゃくまんえん》だぞ
タッ タッ タッ
トコトコ
エントリーナンバー十番《じゅうばん》
ポロちゃん！
それでは得意《とくい》な芸《げい》を
ひろうしてください
拾《ひろ》って
こーい
ポロ！
キョトン
ー最下位《さいかい》だった…
はしにも
棒にもかからな
かったね
もともと
芸なんか
できない
ポロちゃん
ファ〜

意味《いみ》 能力《のうりょく》や程度《ていど》があまりにおとっていて、取《と》りあつかいにこまるたとえ。

使《つか》い方《かた》 まさるくんは小学校《しょうがっこう》のころは、はしにも棒にもかからない成績《せいせき》だったが、実験《じっけん》が得意《とくい》で、おとなになって有名《ゆうめい》な化学者《かがくしゃ》になった。

参考《さんこう》 細《ほそ》くて小《ちい》さいはしでも、太《ふと》くて大《おお》きな棒でも、うまくつまめない（どうしようもないもの）という意味《いみ》から。

「はし」のつく慣用句《かんようく》

はしをとる／はしをつける／はしが転《ころ》んでもおかしい年《とし》ごろ

慣用句 恥《はじ》の上塗《うわぬ》り

ワンワンコンテストは残念《ざんねん》な結果《けっか》に終《お》わったけど
ポロ
今度《こんど》はペットの写真《しゃしん》コンテストだ！
ワン
どーかなこの写真なんか
やめなさいこんな写真
写真ぎらいなポロちゃん
ポロ
恥の上塗りですよ

意味《いみ》 恥をかいたうえに、さらに恥をかく。

使《つか》い方《かた》 ぼくは、パジャマのまま学校《がっこう》に行《い》こうとしてとなりのおばさんに見《み》られてしまった。そのうえ大好《だいす》きなよし子《こ》ちゃんにそれをバラされてしまい、恥の上塗りになった。

参考《さんこう》 「上塗り」は、かべ塗りをするとき、一度《いちど》塗った上《うえ》に、仕上《しあ》げとしてもう一回重《いっかいかさ》ねて塗ること。

「恥」のつく慣用句《かんようく》

恥も外聞《がいぶん》もない／恥《は》ずかしいとか、みっともないとかを気《き》にしていられない。

故事成語

破竹《はちく》の勢《いきお》い

カキーン
逆転《ぎゃくてん》ホームラン
弱小《じゃくしょう》チームがみごと強《きょう》ごうチームをやぶり快進《かいしん》げきです
信《しん》じられなーい
パチパチ
さあいよいよ決勝戦《けっしょうせん》です
破竹の勢《いきお》いで優勝《ゆうしょう》するかもしれないぞ
監督《かんとく》一回戦《いっかいせん》始《はじ》まりますよ

意味《いみ》 とても勢いづいていて、止《と》めようとしても止めることができないようす。

使《つか》い方《かた》 横《よこ》づなの朝竜関《あさりゅうぜき》は、今場所絶好《こんばしょぜっこう》調《ちょう》で破竹の勢いで勝《か》ち続《つづ》け、全勝優勝《ぜんしょうゆうしょう》をかざった。

参考《さんこう》 竹《たけ》を割《わ》るとき、最初《さいしょ》の節《ふし》を割ると、あとは一気《いっき》に最後《さいご》まで割れてしまうことから。

「竹」のつく慣用句《かんようく》

竹を割ったよう／さっぱりした性質《せいしつ》のたとえ。竹をたてに割ると、すぱっとまっすぐに割れることから。

は

慣用句

はちの巣《す》をつついたよう

はらへった～
さー帰《かえ》ってわが家《や》で食事《しょくじ》だ～
だれかぼくたちのベッドでねてる!!
スヤスヤ
あ…かわいい女《おんな》の子《こ》だ
わたしは白雪姫《しらゆきひめ》あなたたちの友達《ともだち》よ
わーい
はちの巣をつついたようね

意味《いみ》 大勢《おおぜい》の人《ひと》が大《おお》さわぎして、手《て》がつけられないようす。

使《つか》い方《かた》 人気《にんき》俳優《はいゆう》がさつえいに来《き》たので、静《しず》かな村《むら》は、はちの巣をつついたようなさわぎになった。

参考《さんこう》 はちの巣をつつくと、中《なか》にいたはちがたくさん飛《と》び出《だ》してきて飛び回《まわ》り、手がつけられなくなることから。

「はち」のつく慣用句《かんようく》

はちのあたま／つまらないものや、何《なん》の役《やく》にも立《た》たないもののたとえ。「へちまのあたま」ともいう。

は

慣用句

鼻《はな》が高《たか》い

絵画展《かいがてん》で入賞《にゅうしょう》したんだって？
うん小学生《しょうがくせい》の部《ぶ》で一等賞《いっとうしょう》だって
いったいどんな絵《え》をかいたんだ
あれだよお父《とう》さん
お父さん鼻が高いぞ
父

意味《いみ》 ほこらしく思《おも》い、人《ひと》にじまんしたくなるようなようす。得意《とくい》になっているようす。

使《つか》い方《かた》 ひできくんのチームが甲子園《こうしえん》に出場《しゅつじょう》することになって、お母《かあ》さんはさぞ鼻が高いだろう。

参考《さんこう》 「鼻が高い」ということから、鼻の高い天狗《てんぐ》になぞらえて、いい気《き》になるという意味の「天狗になる」ということばもある。

「鼻」のつく慣用句《かんようく》

鼻であしらう／相手《あいて》を見《み》くだして、軽《かる》くあつかう（巻末《かんまつ》二八六ページも参照《さんしょう》）。

ことわざ

花《はな》より団子《だんご》

わーい
お花見《はなみ》
お花見
桜《さくら》の下《した》は人《ひと》だらけ
近《ちか》づくこともできんな
こまったな
パパ お弁当《べんとう》!!
桜は見《み》えないけどお弁当は最高《さいこう》だぞ
花より団子ね

意味《いみ》 ただ見《み》ているだけの美《うつく》しいものより、じっさいに役《やく》に立《た》つもののほうがよい、というたとえ。

使《つか》い方《かた》 旅行《りょこう》にいっても花より団子で、お城《しろ》やお寺《てら》を見学《けんがく》するよりも、ついつい名物《めいぶつ》料理《りょうり》のお店《みせ》に目《め》がいってしまう。

参考《さんこう》 美しい花をただながめるより、だんごを食《た》べたほうがおなかがいっぱいになってよい、という意味《いみ》から。

類 **詩《し》を作《つく》るより田《た》を作れ**／生活《せいかつ》の役に立たない風流事《ふうりゅうごと》をするより、じっさいの利益《りえき》がある仕事《しごと》をしなさい、という教《おし》え。

花《はな》を持《も》たせる

意味《いみ》 相手《あいて》にわざと勝《か》たせたり、手《て》がらをゆずったりして、相手をひきたたせる。

使《つか》い方《かた》 先《せん》ぱいの最後《さいご》の試合《しあい》なので、花を持たせて先発出場《せんぱつしゅつじょう》をゆずることにした。

類 **顔《かお》を立《た》てる**

「花」のつく慣用句《かんようく》

花道《はなみち》をかざる／引退《いんたい》する人《ひと》がやめるまぎわに、めざましい活《かつ》やくをして、最後をはなばなしくかざる。

花もはじらう／花もはずかしがるほど、ういういしくて美《うつく》しいようす。

花も実《み》もある／外見《がいけん》も内容《ないよう》もすぐれている。

慣用句

歯《は》に衣《きぬ》を着《き》せない

魚がし
この魚《さかな》イキが
悪《わる》いわね
まけなさいよ
この大根《だいこん》
よごれてるわ
まけなさい
へい
あの奥《おく》さん
歯に衣を着せ
ないで
よく言《い》うな
ホント
まいっちゃう
少《すこ》しでも
節約《せつやく》するには
あれくらい言わ
なくちゃね
ホホホ……

意味《いみ》 えんりょせずに、思《おも》っていることをはっきり言《い》うたとえ。

使《つか》い方《かた》 おばあちゃんは、わたしが選《えら》んだ洋服《ようふく》が似合《にあ》うかどうか、歯に衣を着せないで言ってくれるので、とてもありがたい。

参考《さんこう》 歯に衣服《いふく》を着せてかくすことなどはしない、という意味《いみ》から。「歯に衣を着せず」ともいう。

「歯」のつく慣用句《かんようく》

歯のぬけたよう／ところどころぬけていて、まばらなようす。

歯が浮《う》く （→二〇八ページ参照《さんしょう》）

慣用句

はばを利《き》かせる

オラオラ どきな
不良《ふりょう》 グループだ 行《い》こう
児童公園
オラ 子《こ》どもは どきな
まずい ヤクザだ 行こうぜ
公園
おい あんまり はばを 利かせるん じゃないよ
あ… だんな
さあ みんなもう だいじょうぶだぞ
ワーイ
公園

意味《いみ》 ある分野《ぶんや》で強《つよ》い力《ちから》を持《も》ち、思《おも》いのままにふるまうたとえ。

使《つか》い方《かた》 ミキさんのお父《とう》さんは、町長《ちょうちょう》を長《なが》くつとめ、町《まち》の実力者《じつりょくしゃ》としてはばを利かせている。

参考《さんこう》 「はば」は、他人《たにん》に対《たい》する力、勢《せい》力《りょく》の意味《いみ》。

類 **はばをする／はばが利く／とらの威《い》を借《か》るきつね**（↓一七九ページ参照《さんしょう》）

「いばらない」という意味のことわざ 能《のう》あるたかはつめをかくす／実《みの》るほど頭《あたま》の下《さ》がるいなほかな

は

慣用句

腹《はら》の虫《むし》がおさまらない

だだれじゃ
わしの大事《だいじ》な
つぼを割《わ》った
のは
ぼくじゃ
ないよ
窓《まど》が
あけっぱなし
だから
風《かぜ》で落《お》ちて
割れたんでしょ
だれじゃ
窓を
あけっぱなし
にしたのは!!
おじいちゃんよ
部屋《へや》の空気《くうき》を
入《い》れかえるって
言《い》ってたでしょう
そうじゃった
自分《じぶん》で
やっただけに
腹の虫が
おさまらんわい

意味《いみ》 しゃくにさわってがまんできないようす。

使《つか》い方《かた》 わたしの悪口《わるぐち》を言《い》いふらしているというまさ子《こ》さんをとっちめないと、腹の虫がおさまらない。

参考《さんこう》 「腹の虫」というのは、おなかにすんでいて、人《ひと》の気持《きも》ちを動《うご》かすとされる虫のこと。この虫がおとなしくしていないということから。

「腹」のつく慣用句《かんようく》

腹がすわる／少《すこ》しのことではおどろかず、落《お》ち着《つ》いているようす。

慣用句

針《はり》のむしろ

ちょっとここに来《き》てすわりなさい
はーい
この成績表《せいせきひょう》はいったいどうしたんだ!!
成績表
う〜針のむしろだ
お父《とう》さんはお前《まえ》の成績のことで明日学校《あすがっこう》に呼《よ》びだされてるんだぞ
がんばって
何《なに》からお話《はな》ししてよいのやら…
シーン
う〜針のむしろだ

意味《いみ》 そこにいると人《ひと》からせめられたりして、つらくていたたまれなくなるような、場所《ばしょ》や立場《たちば》のたとえ。

使《つか》い方《かた》 ぼくのエラーでチームが負《ま》けてしまったので、帰《かえ》りのバスの中《なか》では、針のむしろにすわっているみたいだった。

参考《さんこう》 「むしろ」は、わらなどを編《あ》んで作《つく》ったしきもの。針がびっしり植《う》わったしきものにすわる、という意味《いみ》から。

「針」のつく慣用句《かんようく》

針の落《お》ちる音《おと》が聞《き》こえるよう／とても静《しず》かで物音《ものおと》ひとつしないことのたとえ。

ことわざ

必要《ひつよう》は発明《はつめい》の母《はは》

洗《あら》ってかんそうしてくれて洗《せん》たく機《き》も便利《べんり》になったわ
電子《でんし》ジャーや自動皿洗《じどうさらあら》い機《き》もあるし
テレビショッピング
主婦《しゅふ》の願《ねが》いを実現《じつげん》しました完全自動《かんぜんじどう》クリーニングロボット!!
主婦の仕事《しごと》は全部《ぜんぶ》やります
必要は発明の母だけど母は何《なん》の仕事をすればいいのかしら

ひ

意味《いみ》 どうしても必要なものは、何《なん》とか工夫《くふう》して発明される。発明を生《う》み出《だ》すもとは、必要と思《おも》う気持《きも》ちだというたとえ。

使《つか》い方《かた》 必要は発明の母で、どこにいても連絡《れんらく》が取《と》れるといいな、と多《おお》くの人《ひと》が願《ねが》った結果《けっか》、携帯電話《けいたいでんわ》が生まれた。

参考《さんこう》 「母」は、子《こ》どもを産《う》むお母《かあ》さんということから、何《なに》かを生み出すもののたとえ。もとは西洋《せいよう》のことわざ。

類 **窮《きゅう》すれば通《つう》ず**／行《い》きづまってこまりきったときには、かえって道《みち》がひらけるということ。

慣用句

一筋縄《ひとすじなわ》ではいかない

完敗《かんぱい》だ
負《ま》けた……
ガックシ
しょうがないよ
一筋縄ではいかない相手《あいて》だもん
それもそうだね
ルールもいまいちわかんなかったし
いつでもかかってきなさい
まだまだ若《わか》いもんには負けやせんよ
フォホホホホ
ゲートボール大

意味《いみ》 あつかいがむずかしいので、ふつうのやり方《かた》ではうまくいかない。

使《つか》い方《かた》 このクラスは考《かん》え方がちがう人《ひと》が多《おお》いので、意見《いけん》を一《ひと》つにまとめるのは、なかなか一筋縄ではいかない。

参考《さんこう》 「一筋縄」は、一本《いっぽん》の縄で、ふつうのやり方のたとえ。

類 **煮《に》ても焼《や》いても食《く》えない**／どうやってもうまくいかず、もてあますようす。特《とく》にずるがしこくてどうにも手《て》に負《お》えない人のようす。
いかんともしがたい／どのようにやってもうまくやることができない。

ひ

ことわざ

人《ひと》の口《くち》に戸《と》は立《た》てられぬ

あ
お兄《にい》ちゃん今日《きょう》も先生《せんせい》にしかられてたね
ああママにつげ口《ぐち》なんかするなよな
あんた今日も先生におこられたんだって？
わたししゃべってないよ！
うっ…
でもおばあちゃんだけに話《はな》したけど
そのおばあちゃんから聞《き》いたの！人の口に戸は立てられぬよ

意味《いみ》 世間《せけん》の人《ひと》がうわさをするのをやめさせようと思《おも》っても、止《と》めることはできない、というたとえ。

使《つか》い方《かた》 人の口に戸は立てられぬというけれど、うわさが広《ひろ》がる早《はや》さにはびっくりしてしまう。

参考《さんこう》 戸をしめて家《いえ》の出入《でい》り口《ぐち》をふさぐことはできるが、ことばの出口である人の口を戸をしめてふさぐことはできない、という意味《いみ》から。

類 **悪事《あくじ》千里《せんり》を走《はし》る**／悪《わる》い行《おこな》いはすぐに世間に知《し》れわたるということ。

ひ

ことわざ

人《ひと》のふり見《み》てわがふり直《なお》せ

おい山田《やまだ》 ファスナー あいてるよ みっともない
あ ほんと
気《き》をつけろよ
ありがとう はじかくとこ だった
人のふり見て わがふり直せ 君《きみ》だって シャツが 出《で》てるよ
え
あ ありがとう
こまったな これは ファッション なんだけど

意味《いみ》 ほかの人《ひと》の行《おこな》いのよいところや悪《わる》いところはよくわかるものだから、それを参考《さんこう》に、自分《じぶん》の行いの悪いところを直《なお》していくよう心《こころ》がけなさいという教《おし》え。

使《つか》い方《かた》 わたしのお母《かあ》さんは、人のふり見てわがふり直せとよく言《い》うくせに、自分は、ねころがってテレビを見《み》るクセがある。

類 **他山《たざん》の石《いし》**／自分に関係《かんけい》のないところで起《お》こったよくないできごとでも、それを参考にすれば自分の役《やく》に立《た》つということ。

人こそ人の鏡《かがみ》／ほかの行いを手本《てほん》にして自分の悪いところを直しなさいというたとえ。

慣用句

人《ひと》のふんどしで相撲《すもう》をとる

夏休《なつやす》みのドリルもうやった？
もちろんとーっくよ
それなら今日《きょう》いっしょに勉強《べんきょう》しないか
別《べつ》にいいけど
お前《まえ》ドリルかしてみ
ドリル
はい何《なに》するの
写《うつ》してやる
せっせ
せっせ
せっせ
人のふんどしで相撲をとるな〜

意味《いみ》 自分《じぶん》のものを使《つか》わず、他人《たにん》の力《ちから》やものを利用《りよう》して、自分の得《とく》になるようなことをするたとえ。

使《つか》い方《かた》 借《か》り物《もの》の車《くるま》でレースに出場《しゅつじょう》して優勝《ゆうしょう》までしてしまうなんて、人のふんどしで相撲をとるとは、このことだね。

参考《さんこう》 自分のふんどし（まわし）を使わずに、他人のふんどしを借りてすもうをとる、という意味《いみ》から。

類 **人の太刀《たち》で功名《こうみょう》する／人のちょうちんであかりをとる／人のごぼうで法事《ほうじ》する／他人《たにん》の念仏《ねんぶつ》で極楽参《ごくらくまい》り**

ひ

慣用句

一肌《ひとはだ》ぬぐ

コーチ　また全敗《ぜんぱい》しちゃった
しょうがないなー
こうなったらあの子《こ》に助《すけ》っとをたのむしかないな～
コーチ　あの子って？
柔道《じゅうどう》の天才少女《てんさいしょうじょ》うららちゃんさ
一肌ぬいであげてもいいよ
コーチ　幼稚園児《ようちえんじ》だよ
お前《まえ》だって小学生《しょうがくせい》だろうが

意味《いみ》　人《ひと》を助《たす》けるために、本気《ほんき》になって力《ちから》をかすたとえ。

使《つか》い方《かた》　レイコさんがアフリカの難民《なんみん》のための募金活動《ぼきんかつどう》をしているのを見《み》て、タケシくんは「エライ！　ぼくも一肌ぬごう」と、手伝《てつだ》いはじめた。

参考《さんこう》　着物《きもの》の袖《そで》がじゃまにならないように、ぬいで、人のために働《はたら》くという意味《いみ》から。帯《おび》をしめたまま、着物の上半身《じょうはんしん》をぬぐことを「肌《はだ》ぬぎ」という。

気をつけよう　「人肌《ひとはだ》」と書《か》きまちがえないように。

ひ

ことわざ

人《ひと》は見《み》かけによらぬもの

となりに
こしてきた
若《わか》い人《ひと》よ
やくざ
みたいな
人だね
シッ
聞《き》こえる
わよ
次《つぎ》の日《ひ》
こんにちは
ぼうや
あっ
こうばん
おまわりさん
だったんだ
人は見かけに
よらぬものだ

意味《いみ》 人《ひと》は、外《そと》から見《み》たようすだけでは、本当《ほんとう》の性格《せいかく》や才能《さいのう》はわからないものだ、ということ。

使《つか》い方《かた》 人は見かけによらぬもので、おとなしくてこわがりのサエコさんが、実《じつ》は熱《ねっ》狂的《きょうてき》なプロレスファンらしい。

類 人は見かけに似《に》ぬもの

「人」のつくことわざ

人のうわさも七十五日《しちじゅうごにち》／うわさは、それほど長続《ながつづ》きするものではない、というたとえ。

人を見たらどろぼうと思《おも》え／他人《たにん》には用心《ようじん》しなさいというたとえ。

ひ

慣用句

非《ひ》の打《う》ち所《どころ》がない

算数《さんすう》
国語《こくご》のドリル
はもちろん
工作《こうさく》に
昆虫《こんちゅう》
採集《さいしゅう》
オーーッ
山田《やまだ》くんの
夏休《なつやす》みの宿題《しゅくだい》は
非の打ち所がない
完《かん》ぺきなもの
でした
宿題を
ぜんぶ忘《わす》れて
いねむりする
とは…

意味《いみ》 欠点《けってん》がまったく見当《みあ》たらず、完全《かんぜん》である。

使《つか》い方《かた》 父《ちち》が設計《せっけい》したマンションは、デザインがよく、使《つか》いやすくて住《す》みやすいので、まったく非の打ち所がない。

参考《さんこう》 「非」は、悪《わる》いところ、欠点のこと。

類 **間然《かんぜん》する所《ところ》がない**／「間然」とは欠点をとりあげてせめること。とやかくいう余地《よち》がなく、完《かん》ぺきなこと。

反対の意味 **非を打つ**／まちがいや欠点をとりあげて、それをせめる。

ひ

ことわざ

火《ひ》のない所《ところ》に煙《けむり》は立《た》たぬ

ウ〜ン
あんた小《ちい》さな子《こ》をいじめてたってほんとなの？
ちっちがうよ
火のない所に煙は立たぬって
いってね見《み》た人《ひと》がいるの
あれは手《て》にささったトゲをぬいてあげてたんだよ
あらそうだったのね〜

意味《いみ》 うわさが立《た》つのは、もとになるなんらかの理由《りゆう》があるからで、まったく根《こん》きょのないうわさなどない、というたとえ。

使《つか》い方《かた》 火のない所に煙は立たぬ、と言《い》うから、あの二人《ふたり》が仲《なか》がいいといううわさは、本当《ほんとう》かもしれない。

参考《さんこう》 火の気《け》のまったくないところから、煙が出《で》ることはない、という意味《いみ》から。

「火」のつくことわざ

火は火元《ひもと》からさわぎだす／まっさきにさわぎだした者《もの》が、そのことをひきおこした張本人《ちょうほんにん》だということ。

ひ

故事成語

百聞《ひゃくぶん》は一見《いっけん》にしかず

たいへんだ～
そんなにあわててどうしたの
毛《け》むくじゃらのまっくろいやつがやってくるんだ
ええ！何《なに》それ!?
きみたちも逃《に》げたほうがいいよ
ぴゅ～っ…
なんだろう
ちょっとこわいね
なんだムク犬《いぬ》じゃないかあいつ犬がきらいなんだ
百聞は一見にしかずね
トコトコトコ

意味《いみ》 ものごとは何度《なんど》も人《ひと》から聞《き》くよりも、自分《じぶん》の目《め》でじっさいに一度《いちど》見《み》たほうが、ずっとよくわかるものだ、という教《おし》え。

使《つか》い方《かた》 新《あたら》しい球場《きゅうじょう》は、とても広《ひろ》くてきれいだそうだ。百聞は一見にしかずというからぜひ行《い》ってみようと、お父《とう》さんが言《い》った。

「百」のつく故事成語《こじせいご》

百里《ひゃくり》を行《ゆ》く者《もの》は九十里《くじゅうり》をなかばとす／百里の道《みち》のりを歩《ある》く人は、九十里まできてようやく半分《はんぶん》だと考《かんが》えなさいということから、ものごとをするときには、気《き》をゆるめて最後《さいご》の努力《どりょく》をおこたってはいけない、という教え。

慣用句

氷山《ひょうざん》の一角《いっかく》

これにて一件落着《いっけんらくちゃく》
しかしこの明《あか》るみに出《で》た事実《じじつ》はこの大事件《だいじけん》の氷山の一角にすぎない
この遠山《とおやま》のキンさんが江戸《えど》の町《まち》を守《まも》ってみせるぜ
いよ！千両役者《せんりょうやくしゃ》
パチ パチ パチ パチ パチ パチ

意味《いみ》 事件《じけん》などの表《おもて》にあらわれているのは全体《ぜんたい》のごく一部分《いちぶぶん》で、大部分《だいぶぶん》はかくされているということのたとえ。

使《つか》い方《かた》 今回《こんかい》分《わ》かったサクランボどろぼうの被害《ひがい》は氷山の一角で、実際《じっさい》はその十倍《じゅうばい》もの量《りょう》がぬすまれているようだ。

参考《さんこう》 「一角」とは、ほんの一部分という意味《いみ》。北極《ほっきょく》や南極《なんきょく》の海《うみ》に浮《う》かんでいる大《おお》きな氷《こおり》のかたまりである「氷山」は、海の上《うえ》に見《み》えているのは全体《ぜんたい》の約七分《やくななぶん》の一《いち》ほどで、大部分は海の中《なか》にかくれている、ということから。

ひ

慣用句

風雲急《ふううんきゅう》を告《つ》げる

黒雲《くろくも》が天守《てんしゅ》かくをおおい
かみなりが江戸城《えどじょう》をゆらした
ピカッ
ゴロゴロ
風雲急を告げる大嵐《おおあらし》が江戸の町《まち》をおおいつくしたのだ！
ビュウウウ
どうだじいちゃんの話《はなし》はおもしろいだろ？
グ〜
グ〜
グ〜

意味《いみ》 大《おお》きなできごとが、今《いま》にも起《お》こりそうなさしせまったようすである。

使《つか》い方《かた》 二《ふた》つの国《くに》の間《あいだ》の風雲急を告げるようすに、安全《あんぜん》なところににげ出《だ》す人《ひと》びとの列《れつ》が続《つづ》いている。

参考《さんこう》 「風雲」は、あらしの前《まえ》ぶれとなる風《かぜ》や雲《くも》のことで、何《なに》か大変《たいへん》なことが起こりそうなようす。「急を告げる」は、さしせまっていることを知《し》らせる、という意味《いみ》。

「風雲」のつく慣用句《かんようく》

風雲の志《こころざし》／変《か》わったことが起こりそうな機会《きかい》を利用《りよう》し、大きなことをしようとする思《おも》い。

故事成語

覆水盆《ふくすいぼん》に返《かえ》らず

今《いま》までのことは水《みず》に流《なが》して仲直《なかなお》りのあく手《しゅ》だ
うん
あ
ん
やっぱりな
仲直りはやめた!
ああ覆水盆に返らずさ

意味《いみ》 一度《いちど》やってしまったことは、取《と》り返しがつかない、ということのたとえ。

使《つか》い方《かた》 大切《たいせつ》に育《そだ》てた鉢《はち》うえの花《はな》を、落《お》として折《お》ってしまった。なんとか直《なお》したいと思《おも》ったが、覆水盆に返らずだった。

参考《さんこう》 「覆水」は入《い》れ物《もの》をひっくり返してこぼれた水《みず》。昔《むかし》、中国《ちゅうごく》の太公望《たいこうぼう》が出世《しゅっせ》したのを知《し》り、貧《まず》しかったころに去《さ》っていった妻《つま》が、もう一度《いちど》やり直そうと言《い》ってもどってきたとき、容器《ようき》の水を地面《じめん》にこぼして、この水を元《もと》どおりにしたらそうしようと言った、という故事《こじ》から。

慣用句

ふくろのねずみ

意味《いみ》 追《お》いつめられて、にげだすことができないことのたとえ。

使《つか》い方《かた》 犯人《はんにん》はにげ道《みち》をすべて警察《けいさつ》におさえられ、ふくろのねずみでにげられない。

参考《さんこう》 にげ道がないことを、ふくろに入《はい》って出《で》られなくなり、もがくねずみにたとえたもの。

同 ふくろの中《なか》のねずみ

「ねずみ」のつく慣用句《かんようく》

頭《あたま》の黒《くろ》いねずみ／家《いえ》のものがなくなったときに、その家のだれかがぬすんだのだろうと、さとすときに言《い》うことば。

慣用句

降《ふ》ってわいたよう

おい
そこの旅人《たびびと》！
金《かね》を置《お》いていけ!!
ひどい目《め》にあったな～
降ってわいたような災難《さいなん》だ
ゴン
あいた!!
ブーン
ぎょへ～
二度《にど》も降ってわいたような災難だよ
ボタ

意味《いみ》 思《おも》いもしなかったことが、とつぜん起《お》こるようす。

使《つか》い方《かた》 家《いえ》をつくったばかりなのに、父《ちち》が遠《とお》くに転勤《てんきん》するという、降《ふ》ってわいたような話《はなし》が決《き》まって、家じゅうこまっている。

参考《さんこう》 空《そら》から降ってきたのか、地中《ちちゅう》からわいて出《で》てきたのか、とつぜんあらわれるという意味《いみ》から。最近《さいきん》では災難やめいわくなことに言《い》うことが多《おお》い。

「降る」のつく慣用句《かんようく》

降れば必《かなら》ず土砂降《どしゃぶ》り／いつもきまって運《うん》がないことのたとえ。

ふ

慣用句

へそを曲《ま》げる

ばかも～ん
0点
バタン
何《なに》もあんなにおこらなくてもいいじゃないか
ごはんだからいらっしゃい！
ごはん食《た》べたくない！
ああ一生《いっしょう》食べなきゃいいさ
こまったわ二人《ふたり》ともへそを曲げちゃって…

意味《いみ》 気《き》げんを悪《わる》くして、素直《すなお》でなくなるようす。

使《つか》い方《かた》 たくやくんは、何度《なんど》教《おし》えてもらってもそのわざができず、へそを曲げて家《いえ》に帰《かえ》ってしまった。

参考《さんこう》 「へそ」はからだの中心《ちゅうしん》にあり、それを曲げることから、素直でなくなる意味《いみ》。

類 **つむじをまげる**

「へそ」のつく慣用句《かんようく》・ことば

へそが茶《ちゃ》をわかす／ばかばかしく、おかしくてたまらないことのたとえ。

へそくり／こっそりためたお金《かね》。

へ

ことわざ

下手《へた》な鉄砲《てっぽう》も数《かず》うちゃ当《あ》たる

意味《いみ》 どんな下手な人《ひと》でも、何度《なんど》も同《おな》じことをやっていれば、たまにはうまくいくことがあるものだというたとえ。

使《つか》い方《かた》 「下手な鉄砲も数うちゃ当たるというからね」と言《い》って、父《ちち》は毎年宝《まいとしたから》くじをたくさん買《か》っているが、あまり当たったことがない。

参考《さんこう》 「うちゃ」は、「うてば」が変化《へんか》したことば。鉄砲《てっぽう》をうつのが下手な人でも、数多《かずおお》くうっているうちには、まぐれで一回《いっかい》か二《に》回くらいは当たることもある、という意味《いみ》から。

ことわざ

下手《へた》の横好《よこず》き

女心《おんなごころ》の悲《かな》しさが
下手の横好きにもほどがあるいったい何時間《なんじかん》歌《うた》えば気《き》がすむんだろ
ほっ
よし今日《きょう》はこれぐらいにしとこうかな
プツン
練習《れんしゅう》終《お》わったからこれからカラオケボックスに行《い》ってくる
うっそ〜っ

意味《いみ》 下手なくせに、そのことが大好《だいす》きでやめられないことをからかっていうことば。

使《つか》い方《かた》 父《ちち》はカメラが好きで、新製品《しんせいひん》が出《で》るとすぐ買《か》うが、下手の横好きで、うでまえはあまりよくない。

参考《さんこう》 「横好き」は、好きで好きでしようがないこと。

反対の意味 **好きこそものの上手《じょうず》なれ**

「下手」のつくことわざ

下手の考《かんが》え休《やす》むに似《に》たり／知恵《ちえ》のない人《ひと》は、いくら考えても良《よ》い知恵はうかばない。考える時間《じかん》がむだだ、ということのたとえ。

慣用句

へびににらまれた蛙《かえる》

意味《いみ》 おそろしさに体《からだ》がすくんで動《うご》けなくなることのたとえ。

使《つか》い方《かた》 わたしは、コーチのおこった顔《かお》を見《み》たら、へびににらまれた蛙のように、体がかたまってしまった。

参考《さんこう》 かえるは、へびに出会《であ》うと身《み》がすくんでにげられなくなる、と言《い》われることから。へびはかえるを食《た》べるので、かえるにとってはおそろしい相手《あいて》だから。

類 **へびに見こまれた蛙**

「へび」のつく慣用句《かんようく》

へびの生殺《なまごろ》し／物《もの》ごとの決着《けっちゃく》をつけない状態《じょうたい》。

へ

慣用句

ほっぺたが落《お》ちる

ほー
いなかから
送《おく》ってきた
イチゴか
お　こりゃ
ほっぺたが落ちる
ぐらいうまいぞ
どうしたの
食《た》べなさい
じーっ
だって
……
ほっぺたが
落ちたら
こまるから
オホホ
ハハハ…

意味《いみ》 食《た》べものがたいへんおいしいようすのたとえ。

使《つか》い方《かた》 お母《かあ》さんが畑《はたけ》のブルーベリーで作《つく》るジャムは、ほっぺたが落ちるほどおいしい。

同 **ほおが落ちる**

類 **あごが落ちる**

「ほお」のつく慣用句《かんようく》

ほおをそめる／気《き》はずかしくて、顔《かお》が赤《あか》くなる。

ほおをふくらます／ふきげんな顔をする。

ほ

ことわざ

骨折《ほねお》り損《ぞん》のくたびれもうけ

ワンワン
裏庭《うらにわ》でポチがここほれワンワンと鳴《な》くから
ほってみたけど
ワンワン
とんだ骨折り損のくたびれもうけ
これかい
ワン

意味《いみ》 苦労《くろう》したかいがなく、ただくたびれただけでなんの得《とく》にもならないことのたとえ。

使《つか》い方《かた》 お父《とう》さんは、車《くるま》をピカピカに洗《あら》った後《あと》すぐに大雨《おおあめ》になって、「骨折り損のくたびれもうけだ」と落《お》ちこんでいた。

参考《さんこう》 「骨折り」とは力《ちから》をつくすこと。苦労してもうけたのは、くたびれたことくらい、という意味《いみ》から。

類 **労多《ろうおお》くして功少《こうすく》なし**

「骨」のつく慣用句《かんようく》

骨を折る／骨を埋《うず》める

ほ

四字熟語

本末転倒《ほんまつてんとう》

柔道部
技《わざ》はうまいが筋力《きんりょく》が足《た》りないから負《ま》けるんだ
オス
よーし今日《きょう》から筋力トレーニングだ
がんばれ
みるみるうちに筋肉《きんにく》がついて
なんか自信《じしん》がわいてきた
ムキ
ムキ
ムキ
ムキ
ボディビル部
結局《けっきょく》柔道《じゅうどう》やめてボディービル部《ぶ》に入《はい》っちゃった
それでは本末転倒じゃないか
ガーン

意味《いみ》 大事《だいじ》なこととそうでないことを取《と》りちがえていること。

使い方《つかいかた》 雨《あめ》の中《なか》、サッカーの練習《れんしゅう》をして、かぜをひいてしまい、試合《しあい》に出《で》られなくなるなんて、本末転倒だ。

参考《さんこう》 「本」は、大事なこと。「末」は、付《つ》けたりのこと。「転倒」は、ひっくり返《かえ》ること。

類 **主客転倒《しゅかくてんとう》**／ものごとの大事なところとそうでないところ、価値《かち》の小《ちい》さいことと大《おお》きいことをとりちがえていること。

気をつけよう 「末」を「未《み》」と書《か》かない。

ほ

慣用句

魔《ま》がさす

ジ〜〜ッ
どうしよう……
ジャラ
ジャラ
新《あたら》しいゲームソフトを買《か》うのにあと五百円《ごひゃくえん》足《た》りないな
えーい決心《けっしん》した
ガシャン
わーん
わたしの貯金箱《ちょきんばこ》でしょ！
魔がさしたんだよ〜

意味《いみ》 ふと悪《わる》い考《かんが》えを起《お》こすこと。

使《つか》い方《かた》 公園《こうえん》においしそうなかきの実《み》がたくさんなっていたので、つい魔がさして、一《ひと》つとって食《た》べてしまった。

参考《さんこう》 「魔」は、悪魔《あくま》のこと。心《こころ》の中《なか》に悪魔が入《はい》りこんで、悪いことを考えるという意味《いみ》から。

「魔」のつく慣用句《かんようく》

魔の手《て》／悪魔の手。危《き》がいをくわえたり、悪《あく》にさそったりするもののたとえ。

好事《こうじ》魔多《おお》し／よいことにはじゃまが入りやすいものだということ。

ま

ことわざ

負《ま》けるが勝《か》ち

意味《いみ》 あらそいに勝っても、きずついたりにくしみ合《あ》ったりすることになるので、むりにあらそわず、相手《あいて》に勝ちをゆずっておくことが、得《とく》になるということ。

使《つか》い方《かた》 みさきさんと、グループ発表《はっぴょう》のことで意見《いけん》が分《わ》かれたとき、自分《じぶん》の考《かんが》えをひっこめてゆずったら、発表はあなたがしたらと言《い》ってくれた。負けるが勝ちかしら。

類 **逃《に》げるが勝ち／三十六計《さんじゅうろっけい》逃げるにしかず／損《そん》して得取《と》れ**

「負け」のつく慣用句《かんようく》

負け犬《いぬ》の遠《とお》ぼえ／弱《よわ》い者《もの》のからいばり。

ま

慣用句

的《まと》を射《い》る

また負《ま》けた勝《か》てる相手《あいて》だったのにな
お前《まえ》がパスよこさないから
ちゃんとシュートうたないからだろ
う〜んキーパーのせいだ
守《まも》りが悪《わる》いからだろ
！
いいえみんなの動《うご》きがバラバラだったからつけこまれたのよチームワークの差《さ》が出《で》たのよ
そうだマネージャーの指《し》てきは的を射てるぞみんなもっとしっかりしろ！
ハ〜イ

意味《いみ》 ものごとの一番大事《いちばんだいじ》な点《てん》を、正《ただ》しくとらえる。

使《つか》い方《かた》 おじいちゃんがぼくの書《か》いた作文《さくぶん》を読《よ》んで、的を射たアドバイスをしてくれたおかげで、作文《さくぶん》コンクールで入賞《にゅうしょう》することができた。

参考《さんこう》 矢《や》が的に命中《めいちゅう》する、という意味《いみ》から。

類 **正鵠《せいこく》を射る**／「正鵠」は的のまん中《なか》の黒《くろ》い点のこと。転《てん》じて、ものごとの一番大切《たいせつ》な点のこと。

気をつけよう 「的を得る」とまちがえないこと。

慣用句

まゆつばもの

それで今日《きょう》の遅刻《ちこく》の言《い》いわけはなんだ
う
ユッ…UFO《ユーフォー》見《み》たんです！
シーーン
あれみんなどうして驚《おどろ》かないの？
昨日《きのう》はおばけを見たんだったなお前《まえ》の話《はなし》はいつもまゆつばものだ
立《た》ってなさい

意味《いみ》 あやしくて、信用《しんよう》できないもの。だまされないよう、用心《ようじん》したほうがよいもの。

使《つか》い方《かた》 その薬《くすり》を飲《の》んだら算数《さんすう》が得意《とくい》になるなんて、そんな話《はなし》は**まゆつばもの**だよ。

参考《さんこう》 まゆにつばをつければ、きつねやたぬきに化《ば》かされないですむ、という言《い》い伝《つた》えから。

類 **まゆにつばをつける／まつげをぬらす**

「まゆ」のつく慣用句《かんようく》

まゆをひそめる／いやなものを見《み》たり心配《しんぱい》なできごとがあったりしたときに、顔《かお》をしかめる。

ま

ことわざ

ミイラ取《と》りがミイラになる

ごはんだから
お父《とう》さん
よんできて
はーい
お父さん
ごはんだ
よ
今《いま》
いいとこ
なんだ
フ〜ン
ミイラ取りが
ミイラになった
のね

意味《いみ》

人《ひと》をよびに行《い》った人が、そこにとどまって帰《かえ》らなくなることのたとえ。また、相手《あいて》を説得《せっとく》しようとして、逆《ぎゃく》に相手の考《かんが》えにしたがってしまうことのたとえ。

使《つか》い方《かた》

ゲームセンターに兄《あに》をよびに行った弟《おとうと》は、自分《じぶん》もゲームに夢中《むちゅう》になってミイラ取りがミイラになってしまい、なかなかもどってこなかった。

参考《さんこう》

ミイラをさがしに行った人が、そこで死《し》んで自分もミイラになってしまう、ということから。「ミイラ取り」は薬《くすり》にするためにミイラをさがしに行く者《もの》。

ことわざ

身《み》から出《で》たさび

やっと見《み》つけたぞ鬼塚《おにづか》ごんべぇ
親《おや》のかたきかくごしろ
フフフ何《なん》だその刀《かたな》はそんなので切《き》れるのか
あサビてる
あまりのびんぼう暮《ぐ》らしで刀も研《と》がなかったからな～
身から出たさびとはこのことか

意味《いみ》 自分《じぶん》がした悪《わる》い行《おこな》いのために、自分自身《じしん》が苦《くる》しむことのたとえ。

使《つか》い方《かた》 テストの点《てん》が悪かったのは、全然勉強《ぜんぜんべんきょう》しなかった自分の身から出たさびと、あきらめた。

参考《さんこう》 「さび」は、金属《きんぞく》の表面《ひょうめん》に出る酸化《さんか》したもののことで、悪いものの意味《いみ》。刃《は》物《もの》のさびは、刃物自身から出たものなのに、切《き》れ味《あじ》が悪くなって価値《かち》を下《さ》げる、ということから。

同 **身から出《だ》したさび**

類 **自業自得《じごうじとく》／因果応報《いんがおうほう》**

み

慣用句

右《みぎ》に出《で》る者《もの》がない

意味《いみ》 その人《ひと》よりすぐれている人がいない。その人がいちばんすぐれている。

使《つか》い方《かた》 あみものをさせたら、クラスではゆみ子《こ》さんの右に出る者がない。

参考《さんこう》 昔《むかし》、中国《ちゅうごく》の席順《せきじゅん》で、位《くらい》の上《うえ》の人《ひと》が右《みぎ》にすわったことから。

「右」のつく慣用句《かんようく》

右から左《ひだり》／自分《じぶん》のところに入《はい》ってきたものが、すぐ出ていってしまうこと。また、すぐに対応《たいおう》すること。

右といえば左／なんでも人の意見《いけん》に反対《はんたい》すること。

慣用句

水《みず》を得《え》た魚《うお》のよう

わ〜
またビリか…
タッタッ
ドタドタ
体育《たいいく》ではいつも苦労《くろう》している山田《やまだ》だが……
ゼェ
ゼェ
次《つぎ》の時間《じかん》では水を得た魚のようになるんだな
やっと給食《きゅうしょく》の時間だ――!
タリ
いっただきまーす!!
みんな好《す》ききらいはダメですよ山田《やまだ》くんを見習《みなら》いなさい

意味《いみ》 自分《じぶん》の力《ちから》を出《だ》せる得意《とくい》の分野《ぶんや》で、生《い》き生きとかつやくすることのたとえ。

使《つか》い方《かた》 かずお君《くん》は、好《す》きな車《くるま》の話題《わだい》になったとたん、水を得た魚のように話《はな》しだした。

参考《さんこう》 たっぷりの水の中《なか》で、生き生きと泳《およ》ぎまわる魚《さかな》にたとえた言《い》い方《かた》。

「水」のつく慣用句《かんようく》

水を打《う》ったよう／その場《ば》にいるたくさんの人《ひと》びとが、少《すこ》しもさわがずに、とても静《しず》まりかえっているようす。「打つ」とは「まく」という意味《いみ》。

ことわざ

三《み》つ子《ご》の魂《たましい》百《ひゃく》まで

マンガばかり読《よ》んでないで勉強《べんきょう》しなさい
は～い
マンガコロコロ
受験《じゅけん》勉強《べんきょう》もしないでだいじょうぶなの
うん
先生《せんせい》しめきりです
オーケー
三つ子の魂百までとはよく言《い》ったものね

意味《いみ》 子どものころの性質《せいしつ》は、年《とし》をとっても変《か》わらないものだ。

使《つか》い方《かた》 子どものときミニカーを集《あつ》めていたおじさんは、三つ子の魂百までで、今《いま》でも車《くるま》が大好《だいす》きだ。

参考《さんこう》 「三つ子」は、三才《さんさい》の子ども、「魂」は、心《こころ》という意味《いみ》。三才の子どものころの心は、百才になっても変わらないということ。

類 **雀《すずめ》百まで踊《おど》り忘《わす》れず**／おさないときに身《み》につけた習慣《しゅうかん》は、年をとっても変わらないということ。

み

慣用句

身《み》の毛《け》がよだつ

シャカ
シャカ
シャカ
きゃ～！
ゴキブリを見《み》ると身の毛がよだつわ
母《かあ》さんの悲鳴《ひめい》のほうがよっぽどこわいけどな
シュ～
なんですってぇ
ほらね

意味《いみ》 あまりのおそろしさのために、ぞっとするようす。

使《つか》い方《かた》 隣町《となりまち》の遊園地《ゆうえんち》のおばけやしきは、身の毛がよだつおそろしさだと評判《ひょうばん》だ。

参考《さんこう》 「よだつ」は、こわいときや寒《さむ》いときにぞっとして「全身《ぜんしん》の毛が立《た》つ」という意味《いみ》。

同 **身の毛もよだつ**

類 **背筋《せすじ》が寒くなる／鳥肌《とりはだ》が立つ／肌に粟《あわ》を生《しょう》じる**

「身」のつく慣用句《かんようく》

身の程《ほど》知らず／自分《じぶん》の立場《たちば》・能力《のうりょく》を考《かんが》えない。

慣用句

耳《みみ》にたこができる

ピュン
ピュン
ピュン
おお
ここにいたか
まあわたしの話《はなし》を聞《き》きなさい
わたしの若《わか》いころはのー
んもー
おじいちゃんの話は耳にたこができるほど聞いたよ
ねえー
そんなことより
新《あたら》しいゲームソフト買《か》ってよ
ニタ
ねぇ
いいでしょう
その話こそ何度《なんど》も聞かされて耳にたこじゃわい
……

意味《いみ》 同《おな》じことをくり返《かえ》し何回《なんかい》も聞《き》かされて、うんざりするようす。

使《つか》い方《かた》 母《はは》はわたしの顔《かお》を見《み》るたびに部屋《へや》のそうじをしなさいと言《い》うので、もういいかげん耳にたこができた。

参考《さんこう》 「たこ」は、いつもその場所《ばしょ》がすれるために、皮《ひ》ふがかたくなってもりあがったもの。それと同様《どうよう》に、いつも同じことばかり聞かされていると、耳にもたこができる、というたとえから。

「耳」のつく慣用句《かんようく》

耳にする／聞くともなく聞いてしまう。

み

ことわざ

見《み》ると聞《き》くとは大《おお》ちがい

ほう これが 話《はなし》に聞《き》いた…
エヘン
我《わ》が家《や》に代々《だいだい》伝《つた》わる家宝《かほう》です
鑑定《かんてい》をおねがいします
フムフム
見ると聞くとは大ちがい！
まっかなにせものですな
ポイ
あんたの鑑定眼《がん》こそ見ると聞くとは大ちがい！
フフ がんこな……

意味《いみ》 話《はなし》に聞《き》いていたことと、実際《じっさい》に見《み》たこととでは、たいへんにちがいがある、ということ。

使《つか》い方《かた》 ケーキの食《た》べほうだいで有名《ゆうめい》な店《みせ》に行《い》ってみたが、見ると聞くとは大ちがいで、ケーキの種類《しゅるい》も少《すく》なくてあまりおいしくなかった。

参考《さんこう》 とくに、話に聞いていた内容《ないよう》より、実際見たもののほうが悪《わる》かった場合《ばあい》に多《おお》く使《つか》う。

同 聞くと見るとは大ちがい

類 聞いて極楽《ごくらく》見て地獄《じごく》

慣用句

身《み》を粉《こ》にする

暑《あつ》い日《ひ》も
寒《さむ》い日も
朝早《あさはや》くから
夜《よる》おそくまで
身を粉にして
働《はたら》いたおかげで
だんな様《さま》にも
信用《しんよう》して
いただき
店《みせ》を
持《も》たせよう
なんでも屋
晴《は》れて店を
持たせて
もらった

意味《いみ》 苦《くる》しいことでもいやがらないで、体《からだ》がくたくたになるほど一生《いっしょう》けんめいに努力《どりょく》するたとえ。

使《つか》い方《かた》 よう子《こ》さんのお母《かあ》さんは、病《やまい》にたおれた夫《おっと》の代《か》わりに、身を粉にして働《はたら》いて、三人《さんにん》の子《こ》どもを育《そだ》てた。

参考《さんこう》 自分《じぶん》の体が粉《こな》になるくらい身をつくして、という意味《いみ》から。

気をつけよう 「粉」を「こな」と読《よ》まないよう注意《ちゅうい》する。

「身」のつく慣用句《かんようく》

身をもって／自分の体で。みずから。

み

昔《むかし》とったきねづか

うまいね
あたしとセッションしようか
ええ〜 おばさん楽器演奏《がっきえんそう》できるの？
昔とったきねづかでね
かっこいい！

意味《いみ》 若《わか》いころきたえてしっかり身《み》につけたわざのたとえ。また、若いころきたえて、年《とし》をとった今《いま》でも自信《じしん》のあるうでまえのたとえ。

使《つか》い方《かた》 小学生時代《しょうがくせいじだい》をニューヨークで過《す》ごしたお父《とう》さんは、昔とったきねづかで、今でも英語《えいご》がペラペラだ。

参考《さんこう》 「きねづか」は、もちなどをつくときに使《つか》うきねの、手《て》で持《も》つぼうの部分《ぶぶん》。昔、きねを使ってもちを上手《じょうず》についていた人《ひと》は、年をとってもそのわざを忘《わす》れない、ということから。

慣用句

虫《むし》が知《し》らせる

あれ出《で》かけなかったんですか？
どうもいやな予感《よかん》がしてね
今日《きょう》は家《いえ》でおとなしくしてますよ
虫の知らせかしら
おじいさんもとめたんだけど迷信《めいしん》だって出かけちゃったわよ
てやんでェ
たいへんなめにあったわい
やっぱり虫が知らせたんだわ

意味《いみ》 何《なん》となく予感《よかん》がする。前《まえ》もってそう感《かん》じる。

使《つか》い方《かた》 買《か》い物《もの》に出《で》かけるつもりでいたのだが、虫が知らせたのかなんとなく外《そと》に出たくなくなって家《いえ》にいたら、急《きゅう》にかみなりが鳴《な》って大雨《おおあめ》が降《ふ》りはじめた。

参考《さんこう》 不吉《ふきつ》な出来事《できごと》について使《つか》われる場合《ばあい》が多《おお》い。

類 **虫が知らす**

「虫」のつく慣用句《かんようく》

虫がいい／自分勝手《じぶんかって》でずうずうしい。

虫がすかない／なんとなく気《き》にくわない。

む

慣用句

胸《むね》を借《か》りる

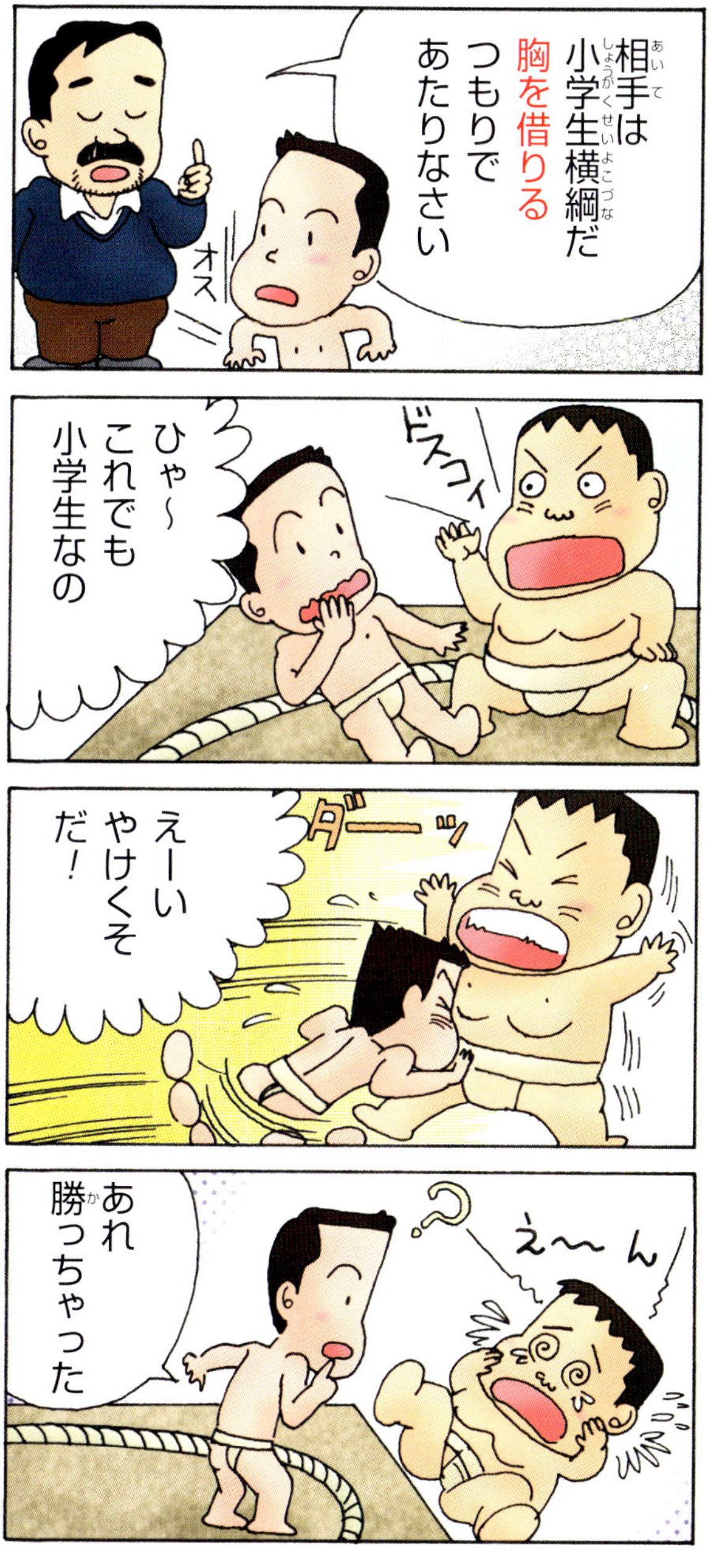
相手《あいて》は小学生横綱《しょうがくせいよこづな》だ
胸を借りるつもりであたりなさい
オス
ドスコイ
ひゃ〜 これでも小学生なの
ダーーッ
えーい やけくそだ！
あれ 勝《か》っちゃった
え〜〜ん

意味《いみ》 自分《じぶん》の力《ちから》をいっそうのばしたりためしたりするために、自分より実力《じつりょく》が上《うえ》の人《ひと》に相手《あいて》になってもらう。

使《つか》い方《かた》 今日《きょう》の試合《しあい》の相手は、全国大会《ぜんこくたいかい》で優勝《ゆうしょう》したチームだ。弱小《じゃくしょう》のぼくたちは、胸を借りるつもりで全力《ぜんりょく》でぶつかろう。

参考《さんこう》 もともとは、すもうで、下位《かい》の力士《りきし》が上位《じょうい》の力士に、けいこの相手になってもらうという意味《いみ》。

「胸」のつく慣用句《かんようく》

胸をふくらませる／希望《きぼう》やうれしさで、心《こころ》の中《なか》がいっぱいになる。

む

慣用句

目《め》くじらを立《た》てる

はずかしくないか
ちゃんと勉強《べんきょう》してたらこんな点《てん》はとらないはずだ
0点
それになんだこのきたない字《じ》は
だって……
だってじゃない口答《くちごた》えするな
そんなに目くじらを立てなくてもいいんじゃない
パパだって服《ふく》はぬぎっぱなし人前《ひとまえ》でオナラはするしけっこう家族《かぞく》ははずかしいのよ
ママ

意味《いみ》 人《ひと》のわずかな欠点《けってん》や失敗《しっぱい》などを探《さが》し出《だ》して、あれこれとがめだてする。

使《つか》い方《かた》 どうでもよい細《こま》かいことに、いちいち目くじらを立てて注意《ちゅうい》されては、たまらない。

参考《さんこう》 「目くじら」は、目じりのこと。目じりをつり上《あ》げておこることから。

「目」のつく慣用句《かんようく》

目から鼻《はな》へぬける／頭《あたま》の回転《かいてん》が早《はや》くて理解《りかい》が早いようす。また、ものごとを行《おこな》うのにぬけ目がないようす。

目じゃない／まったく問題《もんだい》にならない。

め

ことわざ

目《め》は口《くち》ほどにものを言《い》う

だれ！お客様用《きゃくさまよう》のお菓子《かし》食《た》べちゃったのは!!
あんたたちかくしてもむだよ白状《はくじょう》なさい!!
ぼくちがうよ！
あたしじゃないよ
ぼく食べてないよ
あんたね!!
目がおよいでる
どうしてわかったの!?
目は口ほどにものを言うってね悪《わる》いことした人《ひと》は目を見《み》ればわかるのよ

意味《いみ》 思《おも》いのこめられた目には、ことば以上《いじょう》にその人《ひと》の気持《きも》ちがあらわれているものだ。

使《つか》い方《かた》 席《せき》をゆずってあげると、おばあさんは、「ありがとう」と言《い》っただけだったが、目は口ほどにものを言うで、その顔《かお》は、とても喜《よろこ》んでいるのがよくわかった。

「目」のつくことわざ・慣用句《かんようく》

目には目歯《は》には歯／相手《あいて》にひどいことをされたら、それと同《おな》じようなしかえしをする、ということのたとえ。

目の敵《かたき》／にくくてしかたがない人や物《もの》。

め

ことわざ

元《もと》の木阿弥《もくあみ》

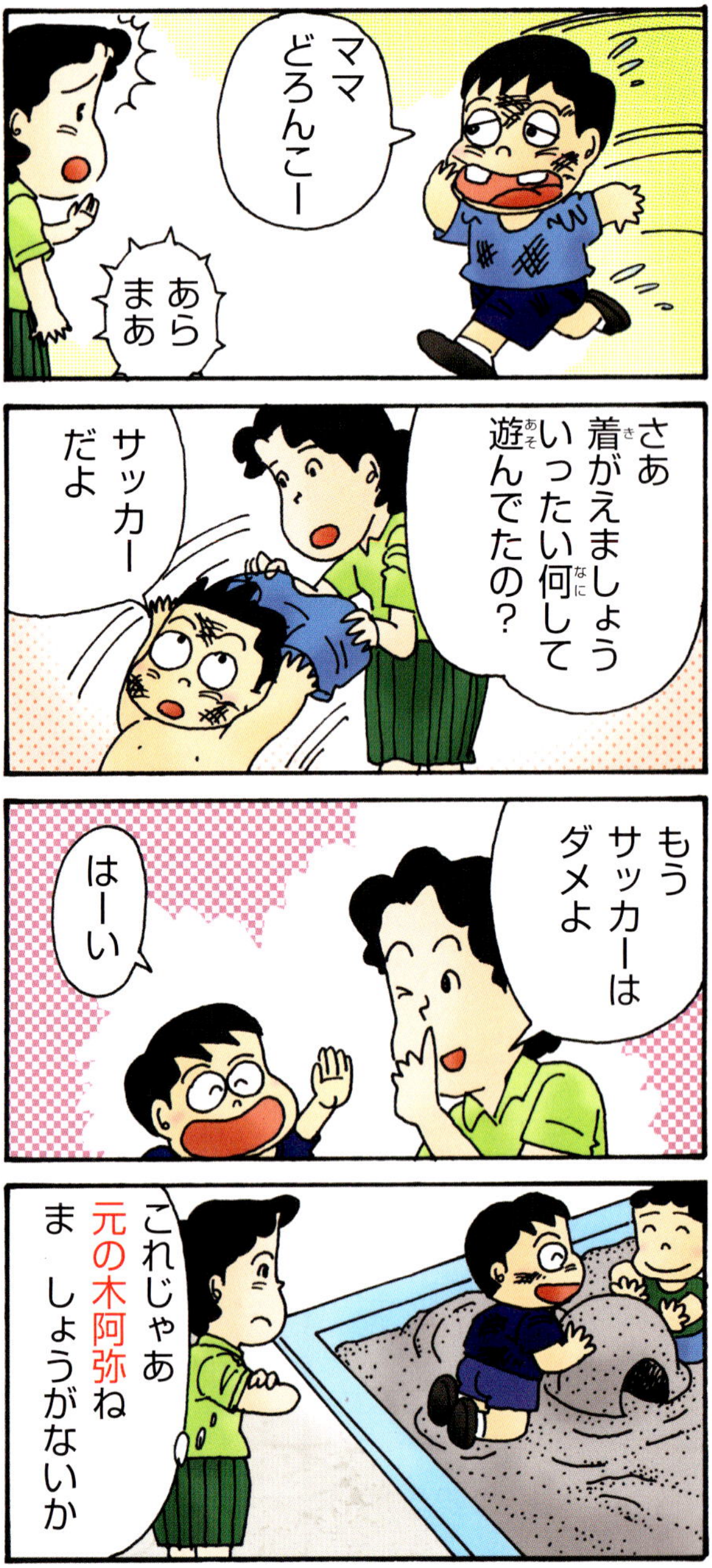

意味《いみ》 一度《いちど》はよくなっていたものが、また悪《わる》い状態《じょうたい》にもどってしまうことのたとえ。

使《つか》い方《かた》 せっかく病気《びょうき》が治《なお》ったのに、薬《くすり》を飲《の》むのをやめたら、また体《からだ》の調子《ちょうし》が悪くなった。これでは元の木阿弥だ。

参考《さんこう》 昔《むかし》、ある大名《だいみょう》が死《し》んだとき、子《こ》どもが幼《おさな》かったので、大名の声《こえ》にそっくりの「木阿弥」という人《ひと》をうすぐらい寝床《ねどこ》にねかせて、大名がまだ生《い》きているようにみせかけた。やがて子どもが大《おお》きくなり、大名が死んだことがみんなに知《し》れたとき、木阿弥は、元のただの人にもどされたという話《はなし》から。

慣用句

元《もと》も子《こ》もない

ドキドキ
……
やったわ
理想《りそう》の体重《たいじゅう》よ
ダイエット大成功《だいせいこう》！一年間《いちねんかん》の苦労《くろう》がむくわれたのね
もうこれでだいじょうぶね
三《さん》か月後《げつご》
リバウンドで元も子もなくなったわ
やけ食《ぐ》いよ！

意味《いみ》 せっかく苦労《くろう》してやったことが、すべてむだになってしまうこと。すべてを失《うしな》って、何《なに》もなくなってしまうこと。

使《つか》い方《かた》 運動会《うんどうかい》のために毎日練習《まいにちれんしゅう》してきたのに、当日《とうじつ》にかぜをひいて休《やす》んでしまっては、元も子もない。

参考《さんこう》 「元」は、商売《しょうばい》をするときのもとでや、銀行《ぎんこう》にあずけたり貸《か》し借《か》りしたりするときの、もとのお金《かね》。「子」は、それによって得《え》られるもうけや利子《りし》のこと。もとのお金も、もうけも利子も全部《ぜんぶ》失うという意味《いみ》から。

ことわざ

門前《もんぜん》の小僧《こぞう》習《なら》わぬ経《きょう》を読《よ》む

お昼《ひる》
ぼくが
作《つく》るから
え!?
カレー作るの
得意《とくい》なんだ
ジュ〜ッ
かっこうも
きまってる
おいしい!
プロの
味《あじ》だね
だって
うちの商売《しょうばい》
カレー屋《や》
なんだもん
将来《しょうらい》はぼくが
店《みせ》をつぐんだ
門前の小僧
習わぬ経を
読むだね

意味《いみ》 特《とく》に習わなくても、いつも聞《き》いていたり見《み》ていたりすることは、しぜんに覚《おぼ》えてしまうものだ、というたとえ。

使《つか》い方《かた》 近《ちか》くのお店《みせ》でかっている九官鳥《きゅうかんちょう》のキューちゃんは、「いらっしゃいませ」「今日《こんにち》は」と上手《じょうず》に言《い》う。これも門前の小僧習わぬ経を読むかな?

参考《さんこう》 寺《てら》のそばに住《す》んでいる子《こ》どもは、いつもお経が聞こえてくるので、しぜんと覚えてしまい、習わなくてもお経が読めるようになる、という意味《いみ》から。

類 見よう見まね

慣用句

焼《や》け石《いし》に水《みず》

シュート決《き》まったあァ——!!
スリーポイントシュート決まった
スポーン
一人《ひとり》で二十得点《にじっとくてん》のエース！大活躍《だいかつやく》
でもうかない顔《かお》もあたりまえ
あっチーム
こっチーム
90
20
焼け石に水だから
フーッ

意味《いみ》 たいへん悪《わる》い状態《じょうたい》なので、少《すこ》しぐらいの助《たす》けや努力《どりょく》では、何《なん》の効《き》き目《め》もないことのたとえ。

使《つか》い方《かた》 山火事《やまかじ》はどんどん広《ひろ》がる一方《いっぽう》で、バケツリレーで水をかけたぐらいでは、焼け石に水だ。

参考《さんこう》 火《ひ》で焼いて熱《あつ》くなった石に少しの水をかけても、石はさめないという意味《いみ》から。英語《えいご》では、「ふるいで水を運《はこ》ぶようだ」または、「バケツに一《いっ》てきの水」という意味のことばでいう。

慣用句

柳《やなぎ》の下《した》のどじょう

なになに
ここ ほれ ワンワン とな
ワン
ワン
ありゃぁ 大判《おおばん》小判《こばん》が ザクザク
うらやましい
ほれ わしにも 小判の ありかを 教《おし》えるんじゃ
ク〜ンン
なんだ これは 生《なま》ゴミじゃ ないか
ワン
ワン
柳の下の どじょうを ねらっても だめと いうことさ

意味《いみ》　一度《いちど》うまくいったとしても、もう一度同《おな》じ方法《ほうほう》でうまくいくとはかぎらないということのたとえ。

使《つか》い方《かた》　兄《あに》がたくさん魚《さかな》がつれたという池《いけ》の同じ場所《ばしょ》でつってみたが、柳の下のどじょうで、ぜんぜんつれなかった。

参考《さんこう》　「いつも柳の下にどじょうはおらぬ」ということばを短《みじか》くしたもの。たまたま、柳の木《き》の下でどじょうをつかまえたといっても、いつもいるとはかぎらない、という意味《いみ》。

類　株《かぶ》を守《まも》りてうさぎを待《ま》つ

反対の意味　二度《にど》あることは三度《さんど》ある

や

ことわざ

やぶから棒《ぼう》

お母《かあ》さん 明日《あした》から学校《がっこう》行《い》かないから
やぶから棒に何《なに》を言《い》い出《だ》すの
オロオロ
学校で何《なに》かあったの？
うん
明日から夏休《なつやす》み ルンルン♪
親《おや》をからかうんじゃないの
ホッ

意味《いみ》 思《おも》ってもみないことが、とつぜん起《お》こることのたとえ。また、だしぬけに、いきなりものごとをすることのたとえ。

使《つか》い方《かた》 お兄《にい》ちゃんに「世界一周《せかいいっしゅう》の旅《たび》に出《で》る」とやぶから棒に言《い》われて、お父《とう》さんもお母《かあ》さんもひどくおどろいていた。

参考《さんこう》 やぶの中《なか》にかくれていて、いきなり通《とお》りかかった人《ひと》に棒をつき出《だ》す、という意味《いみ》から。

類 **青天《せいてん》のへきれき**（「へきれき」は、雷《かみなり》が急《きゅう》にはげしく鳴《な》ること）／**寝耳《ねみみ》に水《みず》**（↓二〇〇ページ参照《さんしょう》）

や

ことわざ

病《やまい》は気《き》から

あなた 佐藤《さとう》さんが お見《み》えに なったわよ
なに!? わしゃ あいつは 苦手《にがて》なんじゃ
病気《びょうき》だと 言《い》って 追《お》い返《かえ》すの?
わしゃ ねるぞ
佐藤さん 帰《かえ》ったわよ あら!? へんね さっきまで 元気《げんき》だった のに……
病は気から というからな 本当《ほんとう》に熱《ねつ》が 出《で》てきたわい
アラマ 40°……

意味《いみ》 病気《びょうき》は、気持《きも》ちの持ち方次第《かたしだい》で、よくも悪《わる》くもなるということ。

使《つか》い方《かた》 病は気から、というから、ある程度《ていど》なおったら、家《いえ》にじっと閉《と》じこもっているより、外《そと》の空気《くうき》をすったり、散歩《さんぽ》したりしたほうがよいかもしれない。

参考《さんこう》 病気は、なやみごとや心配《しんぱい》ごとによって起《お》こることが多《おお》い、という意味《いみ》もある。また、病気だからといって、くよくよするなと、はげます意味でも使《つか》われる。

「病」のつく慣用句《かんようく》
無病息災《むびょうそくさい》／病気がなく元気《げんき》なこと。

や

四字熟語

優柔不断《ゆうじゅうふだん》

明日《あす》は祝日《しゅくじつ》だからどこでもつれてってやるぞ
わーい
どうしよう映画《えいが》？
テーマパーク
動物園《どうぶつえん》もすてがたい
翌日《よくじつ》
あれあいつは？
てつ夜《や》で行《い》き先《さき》考《かんが》えて決《き》められなかったんですって
もう少《すこ》しねかせてくれって…
優柔不断なやつめ

意味《いみ》 ぐずぐずしていて、ものごとをきっぱり決《き》められないこと。

使《つか》い方《かた》 父《ちち》は、母《はは》やわたしにいろいろと口《くち》やかましいわりには、自分《じぶん》のこととなると決められなくて、母から優柔不断と言《い》われている。

参考《さんこう》 「優柔」は、にえきらないこと、はきはきしないこと。「不断」は、決断《けつだん》できないこと。

類 **薄志弱行《はくしじゃっこう》**

反対の意味 **速戦即決《そくせんそっけつ》**／すぐにものごとの決《けっ》着《ちゃく》をつけること。

ゆ

慣用句

指《ゆび》をくわえる

あ～
いただきまーす
これはお客様用《きゃくさまよう》のケーキだからね
あんなおいしそうなケーキを指をくわえて見《み》てるだけなんて
ひどいわ
ちゃんとあなたの分《ぶん》もあるわよ
あとでね
ホ

意味《いみ》 ①うらやましく思《おも》いながら、どうすることもできず、がまんして見《み》ているようす。②手《て》を出《だ》せず、わきでむなしく見《み》ているようす。

使《つか》い方《かた》 ①小《ちい》さい子《こ》がお母《かあ》さんにあまえているのを、指をくわえて見ていた。②ぼくは友達《ともだち》がからかわれているのを、指をくわえて見ているほどはくじょうではない。

「指」のつく慣用句《かんようく》

指を折《お》る／指を折り曲《ま》げて、ものの数《かず》をかぞえる。

指をさす／指でものを示《しめ》す。

ゆ

慣用句

横《よこ》のものを縦《たて》にもしない

意味《いみ》 めんどうくさがって、何《なに》もしないことのたとえ。

使《つか》い方《かた》 横のものを縦にもしないものぐさなお兄《にい》ちゃんに、部屋《へや》のかたづけなんかたのんでも、いつになったらできるかわからない。

参考《さんこう》 横になっているものを、縦にむきをかえることすらしない、という意味《いみ》から。

同 **縦のものを横にもしない**

「横」のつく慣用句《かんようく》

首《くび》を横にふる／相手《あいて》に反対《はんたい》したり相手を無視《むし》したりする。

よ

ことわざ

弱《よわ》り目《め》にたたり目

ギャオー
このままではやられてしまう……よーし
シ〜ン
視聴者
プチ
話《はなし》がワンパターンだなああきあきしたよ
演出家
視聴率《しちょうりつ》も落《お》ちこんでるしまずいことになりそうだ
えっ！スポンサーが倒産《とうさん》！
弱り目にたたり目だ

意味《いみ》 こまっているときに、さらにこまったことや、災難《さいなん》や不幸《ふこう》が起《お》こることのたとえ。

使《つか》い方《かた》 のら犬《いぬ》にほえられて、あわててにげたらどぶにはまってしまい、弱り目にたたり目の一日《いちにち》だった。

参考《さんこう》 「弱り目」はこまったとき、「たたり目」はたたりにあうときという意味《いみ》。こまっているときに、神仏《しんぶつ》のたたりをうけてさらに苦《くる》しむ、という意味から。

類 **泣《な》きっ面《つら》にはち／傷口《きずぐち》に塩《しお》／痛《いた》む上《うえ》に塩を塗《ぬ》る／ふんだりけったり**

ことわざ

来年《らいねん》のことを言《い》えば鬼《おに》が笑《わら》う

あーあ また負《ま》けちゃったね
小学生の部 大会
気《き》を落《お》とすんじゃないぞ
来年のことを言えば鬼が笑うけどコーチ
来年こそは黒帯《くろおび》取《と》って優勝《ゆうしょう》するから
コーチが笑うなんてひどくない?
クク クク‥‥

意味《いみ》 先《さき》のことは、どうなるかだれにもわからないのに、あれこれ言うのはおろかなことだ、というたとえ。

使《つか》い方《かた》 来年のことを言えば鬼が笑うと言うけれど、来年こそ彼氏《かれし》を作《つく》りたいとお姉《ねえ》ちゃんが言っていた。

参考《さんこう》 めったに笑わない鬼が笑うほど、おろかなことだという意味《いみ》から。

「鬼」のつくことわざ

鬼の居《い》ぬ間《ま》にせんたく／こわい人《ひと》のるすにくつろぐ。

鬼の目《め》にもなみだ／薄情《はくじょう》な人が泣《な》くようす。

ら

慣用句

りゅう飲《いん》が下《さ》がる

最近態度《さいきんたいど》でかいんじゃない？
いやん
おれの彼女《かのじょ》にしてやろうか
番長《ばんちょう》がひどいんです助《たす》けてください
孫《まご》がめいわくかけてるんだね
コラ
ゴメンヨ〜〜
番長のにがてはおばあちゃんなのりゅう飲が下がる思《おも》いね

意味《いみ》 思《おも》いどおりのことをして、気《き》に入《い》らないことやいやな気持《きも》ちがなくなり、気分《きぶん》がすっきりする。

使《つか》い方《かた》 いじめっ子《こ》にいじめられたが、兄《あに》が仕返《しかえ》しをしてくれたのでりゅう飲が下がった。

参考《さんこう》 「りゅう飲」とは、消化《しょうか》が悪《わる》くて食《た》べ物《もの》が胃《い》にたまり、胸焼《むねや》けがしたり、すっぱい液《えき》がのどに上《あ》がってきたりすること。これがなくなってせいせいする、という意味《いみ》から。

同 りゅう飲を下げる

四字熟語

竜頭《りゅうとう》蛇《だ》尾《び》

ズバン
すごいぞ
このいきおいで
後半戦《こうはんせん》もいくんだ
ハア
ハア
ハア
だめだ
ぜんぜん
ボールに
追《お》いつけない
前半《ぜんはん》はりきり
すぎたんだな
楽勝《らくしょう》だぜ
まさしく
竜頭蛇尾の
こうげきで
逆転《ぎゃくてん》負《ま》けか
ショボン

意味《いみ》 初《はじ》めはいきおいがよいが、終《お》わりのほうになるとまったくいきおいがなくなることのたとえ。

使《つか》い方《かた》 今場所《こんばしょ》、大関《おおぜき》は初日《しょにち》から五連勝《ごれんしょう》したが、その後《ご》十連敗《じゅうれんぱい》して竜頭蛇尾の成績《せいせき》だった。

参考《さんこう》 頭《あたま》はりっぱな竜だが、しっぽは、細《ほそ》くて小《ちい》さいへびだということから。

類 **頭でっかち尻《しり》つぼみ**

ことわざ

良薬《りょうやく》は口《くち》に苦《にが》し

ちょっとこっちに来《き》なさい
は〜い
ピッ
ピッ
ピッ
ガミ ガミ
ゲーム ダメ
ゲーム
ダメ
ガミ
勉強
ガミ
良薬は口に苦し といってな 父《とう》さんの忠告《ちゅうこく》は すなおに聞《き》いた ほうがいいぞ
はーーい
なんか父さん ずるくない？
ピッ
ピッ
こくご③
国語

意味《いみ》 人《ひと》のためを思《おも》って心《こころ》からしてくれる忠告《ちゅうこく》は、本当《ほんとう》にためになるけれども、聞《き》くのはつらいものだというたとえ。

使《つか》い方《かた》 コーチのきびしいアドバイスも、良薬は口に苦しと思ってよく聞くようにしている。

参考《さんこう》 病気《びょうき》にきく良《よ》い薬《くすり》は、苦くて飲《の》みにくいということから。人の忠告は、聞きづらいものだが、すなおに聞けばためになる、ということ。

類 **忠言耳《ちゅうげんみみ》に逆《さか》らう**／心からしてくれる忠告は聞きづらいことが多《おお》いので喜《よろこ》ばれない。

り

ことわざ

類《るい》は友《とも》を呼《よ》ぶ

君《きみ》我《われ》われの肉体《にくたい》クラブに入《はい》らないか
肉体クラブ!?
でもぼくスポーツはできないしデブで大食《おおぐ》いなんだよ
だと思《おも》ったよ肉体クラブは運動《うんどう》はしないんだ
ちょうどこれからクラブ活動《かつどう》なんだ
肉体クラブ
なんかいいにおいがする…?
いっただきま〜す!
わあ〜類は友を呼ぶだね

意味《いみ》 性質《せいしつ》や考《かんが》え方《かた》がにた者《もの》や、趣味《しゅみ》が同《おな》じ者は、気《き》が合《あ》うので自然《しぜん》に集《あつ》まって仲間《なかま》になるものだ、というたとえ。

使《つか》い方《かた》 わたしのおばあさんは俳句《はいく》の会《かい》に入《はい》っているが、類は友を呼ぶで、会員《かいいん》がどんどんふえているそうだ。

参考《さんこう》 「類」は、にたところがあるもの、の意味《いみ》。英語《えいご》のことわざでは、「同じ羽《はね》の鳥《とり》は同じ所《ところ》に群《む》れ集まる」という。

類 **類をもって集まる／目《め》の寄《よ》る所へは玉《たま》も寄る**

ことわざ

ローマは一日《いちにち》にして成《な》らず

あいつは去年《きょねん》の大食《おおぐ》い選手権《せんしゅけん》の学生《がくせい》チャンピオンなんだ
ゴッちゃんで～す
ズルル！
すごいねーでもぼくはあんなに食《た》べられないと思《おも》うたぶん……
ローマは一日にして成らずだよ君《きみ》も修行《しゅぎょう》をかさねればすぐチャンピオンだ
お～い
ごめんなさいぼく明日《あした》からダイエットするので

意味《いみ》 大《おお》きくてりっぱな仕事《しごと》は、長《なが》い時間《じかん》と多《おお》くの努力《どりょく》で成しとげられるものだ。決《けっ》してたやすくできるものではないというたとえ。

使《つか》い方《かた》 ローマは一日にして成らずと言《い》うが、スペインのサグラダ・ファミリア聖堂《せいどう》という建物《たてもの》は、一八八二年《ねん》に建築《けんちく》がはじめられ、完成《かんせい》までにあと二百年《にひゃくねん》はかかるという。

参考《さんこう》 昔《むかし》、大きな領土《りょうど》をもって栄《さか》えたローマ帝国《ていこく》も、一日でできたのではなく、長い年月《ねんげつ》と、多くの人《ひと》の努力のうえにできたものである、という西洋《せいよう》のことわざから。

慣用句

渡《わた》りに船《ふね》

さーて ねるとするか
なんだ まだ ねないのか
宿題《しゅくだい》が 終《お》わらないんだ
なんだ こんな問題《もんだい》 簡単《かんたん》じゃないか
しめた 渡りに 船だ
算数3年
ぼく もうねるね
こりゃ 意外にむずかしいぞ てつ夜《や》になるかも

意味《いみ》 何《なに》かしようとしたときやこまっているときなどに、ちょうどつごうよく助《たす》けてくれるものがあらわれること。

使《つか》い方《かた》 ひとりでくらしたいと言《い》っていた姉《あね》は、海外《かいがい》に転勤《てんきん》することになったおじさんのマンションを、渡りに船とばかりに借《か》りて、ひっこした。

参考《さんこう》 川《かわ》を渡りたいと思《おも》っているところに、ちょうどつごうよく船がやってきた、という意味《いみ》から。

「渡り」のつく慣用句《かんようく》

渡りをつける／相手《あいて》とのてづるを求《もと》める。

わ

ことわざ

笑《わら》う門《かど》には福《ふく》来《きた》る

びんぼうだけど
幸《しあわ》せそうな
家族《かぞく》だな
フフフフ
ホホホホホ
ハハハハハ
笑う門には
福来る
この家《いえ》には
空《あ》き巣《す》は
似合《にあ》わないな
ヒャハハハ
おや
この家にも
笑いがある
もうかりすぎて
笑いが止《と》まらん
決《き》めた～

意味《いみ》 いつも明《あか》るく、ほがらかで笑いの絶《た》えない家庭《かてい》には、しぜんに幸《しあわ》せがやってくるものだというたとえ。

使《つか》い方《かた》 家族《かぞく》がみんな明るいアイコちゃんの家《いえ》からは、いつも笑い声《ごえ》が聞《き》こえる。笑う門には福来るで、彼女《かのじょ》の家族はいつも仲《なか》がよくて幸せそうだ。

参考《さんこう》 「門」は、家、家庭という意味《いみ》。

類 **笑って太《ふと》れ**

反対の意味 **泣《な》く門口《かどぐち》はうれいをもよおす**／いつも泣き声が聞こえるような家には心配《しんぱい》ごとや不幸《ふこう》なことが起《お》きがちだというたとえ。

慣用句

我《われ》を忘《わす》れる

竜宮城《りゅうぐうじょう》って
我を忘れる
くらい楽《たの》しい
ところだね
でも――
もどってみたら
知《し》らない人《ひと》たち
だらけだ
我を忘れるくらい
長《なが》い時間《じかん》がたって
いたんだ
モクモク

意味《いみ》 あることに夢中《むちゅう》になって、ほかのことがわからなくなるようす。

使《つか》い方《かた》 わたしたちは、花火《はなび》があまりにきれいなので、我を忘れて見《み》とれていた。

「我」のつく慣用句《かんようく》

我に返《かえ》る／①気《き》を失《うしな》っていた人《ひと》が意識《いしき》をとりもどす。②あることに気をとられていたが、はっと気づいて本来《ほんらい》の自分《じぶん》にもどる。

我関《かん》せず／自分には関係《かんけい》のないことだと平然《へいぜん》としているようす。

我も我もと／参加《さんか》するのにおくれないようにと、みんなが先《さき》を争《あらそ》うようす。

ことわざ慣用《かんよう》句《く》クイズ

体《からだ》の名前《なまえ》クイズ

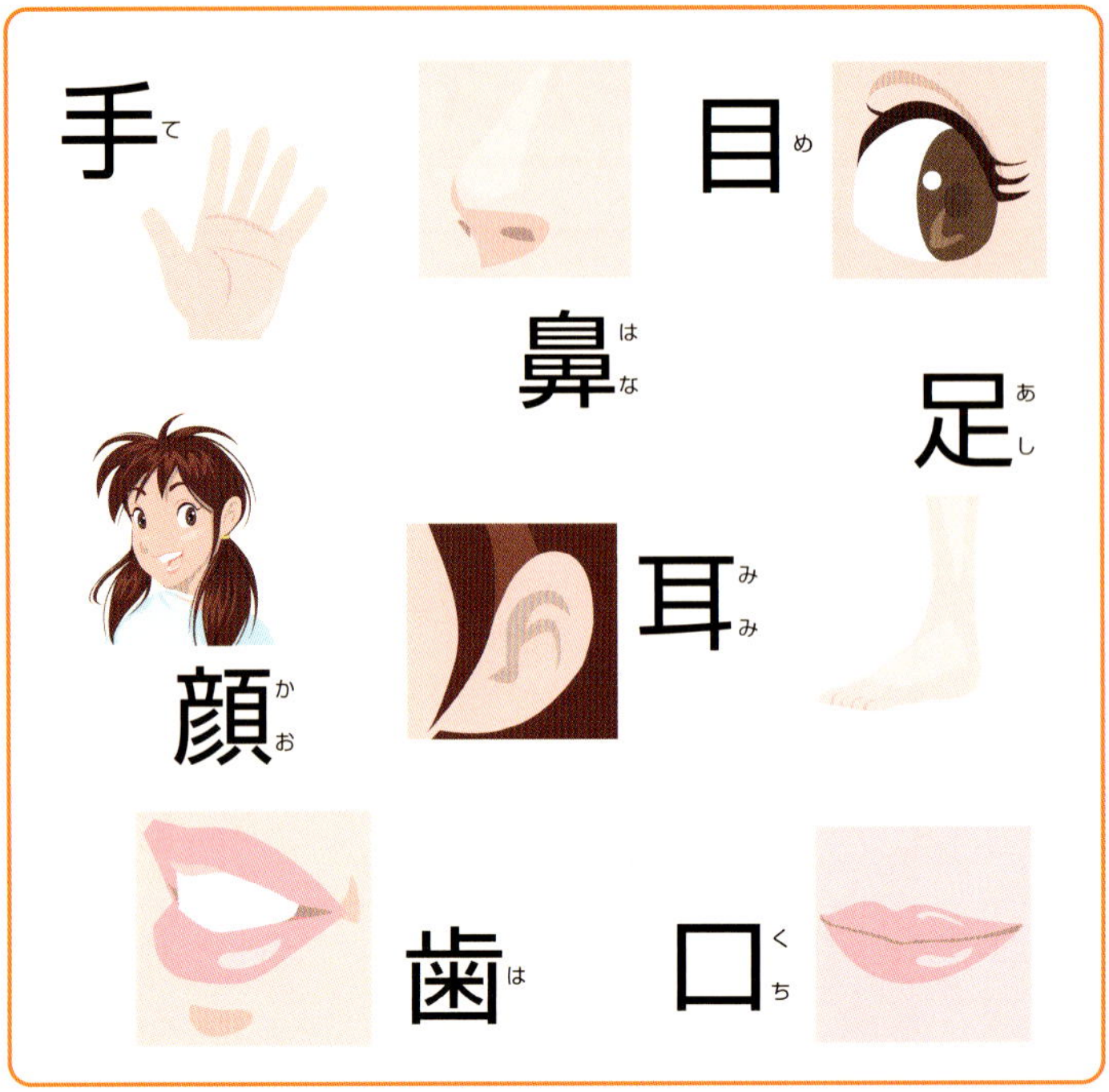

次《つぎ》の文《ぶん》の□の中《なか》には、人《ひと》の体の名前をあらわすことばが入《はい》ります。上《うえ》から選《えら》んでことわざ、慣用句を完成《かんせい》させよう！

1. □がうくようなセリフ
2. 父《ちち》は□が広《ひろ》い
3. □も□も出《で》ない
4. わたしはあまいものに□がない
5. □であしらわれてしまった
6. □にたこができる
7. □が減《へ》らない

答：1.歯、2.顔、3.手と足、4.目、5.鼻、6.耳、7.口

数《すう》字《じ》のクイズ

次《つぎ》の文《ぶん》の□の中《なか》には漢《かん》数字が入《はい》ります。数字を入《い》れて、ことわざ、慣用句《かんようく》を完成《かんせい》させよう！

1. □石《せき》□鳥《ちょう》
2. □度《ど》あることは□度ある
3. 石《いし》の上《うえ》にも□年《ねん》
4. □寸《すん》の虫《むし》にも□分《ぶ》の魂《たましい》
5. □人《にん》寄《よ》れば文殊《もんじゅ》の知恵《ちえ》
6. □転《ころ》び□起《お》き

答：1.一、二、2.二、三、3.三、4.一、五、5.三、6.七、八

ことば遊《あそ》びクイズ

次の□の中には決《き》まったことばが入ります。下《した》のことばを入れて、ことわざ、慣用句を完成させよう！

1. 石橋《いしばし》を□□□□わたる
2. ちりも□□□□山《やま》となる
3. □□□□ことを仕損《しそん》じる
4. 帯《おび》に短《みじか》し□□□□長《なが》し
5. 果報《かほう》は□□□
6. □□□□ぼたもち

ア.ねて待《ま》て　イ.たすきに　ウ.たたいて
エ.たなから　オ.積《つ》もれば　カ.せいては

答：1.ウ、2.オ、3.カ、4.イ、5.ア、6.エ

絵《え》ときクイズ

次《つぎ》の文《ぶん》の□の中《なか》には動物《どうぶつ》の名前《なまえ》が入《はい》ります。かこみの中から選《えら》んで、ことわざ・慣用句《かんようく》を完成《かんせい》させよう！

完成したことわざ・慣用句の意味《いみ》を上《うえ》から選ぼう！

1. □に金棒《かなぼう》
2. ふくろの□
3. □の手《て》も借《か》りたい
4. とらぬ□の皮算用《かわざんよう》
5. □のなみだ
6. □が合《あ》う

a. ごくわずかなもののことのたとえ
b. まだ確《たし》かでないものを当《あ》てにすること
c. もともと強《つよ》いものがさらに強くなること
d. おたがいに気《き》が合《あ》うことのたとえ
e. 非常《ひじょう》にいそがしいようすのたとえ
f. 追《お》いつめられてにげ道《みち》がないことのたとえ

答：1.ア－c, 2.オ－f, 3.エ－e, 4.イ－a, 5.カ－b, 6.ウ－d

まちがいさがしクイズ1

次《つぎ》のことわざ、慣用句《かんようく》の中《なか》でまちがっている部分《ぶぶん》をさがして、正《ただ》しいことわざ、慣用句に直《なお》そう！

1. 帯《おび》に長《なが》したすきに短《みじか》し
2. のど元《もと》過《す》ぎれば熱《あつ》さをおぼえる
3. 犬《いぬ》も歩《ある》けば棒《ぼう》をよける
4. 骨《ほね》折《お》り損《ぞん》のまるもうけ
5. 能《のう》あるたかは顔《かお》をかくす
6. 船頭《せんどう》多《おお》くして船山《ふなやま》をおりる

答：1.（帯に）短し（たすきに）長し　2.（のど元過ぎれば熱さを）忘《わす》れる　3.（犬も歩けば棒）に当《あ》たる　4.（骨折り損の）くたびれもうけ　5.（能あるたかは）つめをかくす　6.（船頭多くして船山を）のぼる

まちがいさがしクイズ2

次のことわざ、慣用句の中でまちがった意味《いみ》のものをさがし、正しい意味を選《えら》ぼう。

1. 泣《な》きっ面《つら》にはち＝悪《わる》いことが重《かさ》なること
2. 下手《へた》の横好《よこず》き＝人《ひと》は見《み》かけによらないということ
3. かっぱの川流《かわなが》れ＝名人《めいじん》も時《とき》には失敗《しっぱい》すること
4. 立《た》て板《いた》に水《みず》＝むだなことをすること
5. 気《き》が置《お》けない＝油断《ゆだん》できないこと

ア.下手なくせに好《す》きなこと
イ.よどみなくすらすら話《はな》すこと
ウ.えんりょしなくていいこと
エ.まったく手《て》ごたえがないこと

答：2.ア　4.イ　5.ウ

体《からだ》の名前《なまえ》がつくことわざや慣用句《かんようく》

ここでは、人《ひと》の体の名前のつくもの、動物《どうぶつ》などの生《い》き物《もの》の名前のつくことわざ・慣用句を集《あつ》めました。いくつ知《し》ってるかな？

顔《かお》

●顔が売《う》れる
多《おお》くの人に知られて、有名《ゆうめい》になる。

顔が広《ひろ》い（→72ページ）

●顔から火《ひ》が出《で》る
はずかしくて顔が赤《あか》くなるほどであるようす。

●顔にどろをぬる
人にはじをかかせる。

●顔をくもらせる
心配《しんぱい》そうな、悲《かな》しそうな表情《ひょうじょう》をする。

●顔を立《た》てる
相手《あいて》の世間《せけん》に対《たい》するめいよ、めんぼくをまもる。

頭《あたま》

●頭が上《あ》がらない
相手が自分《じぶん》よりえらかったり、相手に対して引け目《め》を感《かん》じたりして、かなわないと感じる。

●頭が痛《いた》い
解決《かいけつ》できなくて、なやみ苦《くる》しむたとえ。

●頭がかたい
ゆうずうがきかなくて、物事《ものごと》を広く考《かんが》えられないたとえ。

頭かくしてしりかくさず（→18ページ）

●頭が下《さ》がる
立派《りっぱ》な人に対して、自然《しぜん》に相手を敬《うやま》う気《き》持《も》ちがわくたとえ。

●頭をかかえる
どうすればよいのかわからず、こまっているようす。

まゆ

まゆつばもの（→245ページ）

●まゆをひそめる
心配なことやいやなことがあったときなどに、まゆをよせて顔をしかめる。

目《め》

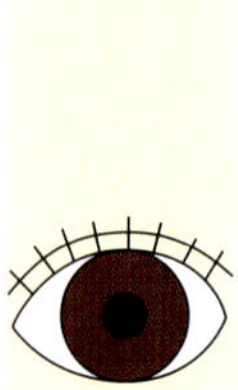

●目がくらむ
①目がくらくらする、めまいがするようす。②欲《よく》などに心《こころ》をうばわれて、正《ただ》しい判断《はんだん》ができなくなるたとえ。

●目が高《たか》い
よいものと悪《わる》いものを見分《みわ》ける力《ちから》がある。

●目《め》が届《とど》く
注意《ちゅうい》や世話《せわ》が、細《こま》かく十分《じゅうぶん》にいきわたる。

●目が回《まわ》る
たいへんいそがしいようす。

目から鼻《はな》へぬける（→258ページ）

目くじらを立《た》てる（→258ページ）

●目にあまる
あまりにもようすがひどくて、だまって見《み》ていられないほどであるようす。

●目にうかぶ
姿《すがた》やようすが、まるでそこにあるかのように思《おも》い出《だ》される。

●目に止《と》まる
①見た目で気《き》に入《い》る。②思わず見てしまう。

目には目歯《は》には歯（→259ページ）

●目の色《いろ》を変《か》える
ふきげんになったり、夢中《むちゅう》になったりして、目つきをかえるたとえ。

●目の敵《かたき》にする
相手《あいて》を見るたびににくたらしくなって、やっつけたくなるたとえ。

●目の覚《さ》めるよう
あざやかで、たいへん美《うつく》しいようす。

●目の毒《どく》
見るとほしくなるので、見ないほうがいいもの。

●目の中に入れても痛《いた》くない
かわいくてしかたがないようす。

目は口《くち》ほどに物《もの》を言《い》う（→259ページ）

●目も当《あ》てられない
ようすがひどすぎて、とても見ていられないようす。

●目もくれない
関心《かんしん》がなくて、見向《みむ》きもしないようす。

●目を疑《うたが》う
あまりに意外《いがい》なものを見て、自分《じぶん》の目が信《しん》じられないくらいびっくりする。

●目を皿《さら》のようにする
物《もの》を探《さが》したり、よく見ようとしたり、おどろいたりして、目を大《おお》きく見開《みひら》く。

●目をつける
とくに注意して見る。ねらう。

●目をつぶる
失敗《しっぱい》や欠点《けってん》などを、見て見ないふりをする。

●目をぬすむ
人に見つからないように、こっそり何《なに》かをする。

●目をはなす
今《いま》まで見ていたものからちがうものへ目をうつしたり、注意をよそにうつしたりする。

●目を光《ひか》らす
よく注意して見はりをする。

●目を丸《まる》くする
びっくりして、目を大きく見開く。

●目を見はる
目を大きく見開いてびっくりしたり、感《かん》心《しん》したりする。

耳 みみ

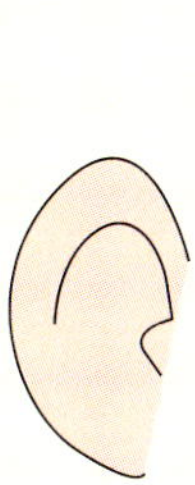

●耳が痛い
自分の悪《わる》いところや、弱点《じゃくてん》を言われ、聞《き》くのがつらいようす。

●耳《みみ》が早《はや》い
うわさなどをすばやく聞《き》きつけるようす。

●耳慣《な》れない
あまり聞いたことがないこと。

●耳にする
聞こうとしたわけではなく、ふと聞いてしまう。

耳にたこができる （→252ページ）

●耳につく
くり返《かえ》し聞こえる音《おと》や声《こえ》が、気《き》になってうるさく感《かん》じられる。

●耳にはさむ
聞くつもりのないことをちょっと聞く。

●耳を疑《うたが》う
意外《いがい》な話《はなし》を聞かされて、信《しん》じられないようす。

●耳を貸《か》す
人《ひと》の相談《そうだん》に乗《の》ったり、話を聞こうとしたりする。

●耳をかたむける
相手《あいて》の言《い》うことを聞きのがさないように、熱心《ねっしん》にしっかり聞く。

●耳をすます
小《ちい》さな音まで聞きとるように、注意深《ちゅういぶか》く聞こうとする。

鼻《はな》

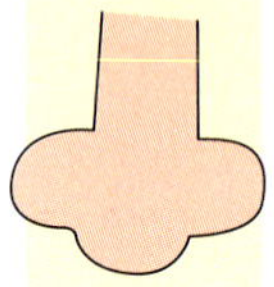

●鼻息《いき》があらい
意気《いき》ごみがはげしくて、やる気《き》にみちあふれたようす。

鼻が高《たか》い （→213ページ）

●鼻つまみ
きらわれ者《もの》。また、ひじょうにけむたがられること。

鼻であしらう／鼻の先《さき》であしらう （→213ページ）

●鼻にかける
得意《とくい》になって自慢《じまん》する。

●鼻につく
相手の態度《たいど》やことばがいやみに感《かん》じる。また、ものごとにあきていやになる。

●鼻を明《あ》かす
相手をだしぬいて、あっとおどろかせる。

●鼻をつく
鼻がねじまがるくらい、いやなにおいがするようす。

口《くち》

●口がうまい
人を喜《よろこ》ばせるようなことを言うようす。

●口が重《おも》い
あまりおしゃべりしないようす。口数《くちかず》が少《すく》ないようす。

●口がかたい
秘密《ひみつ》など、言ってはならないことは、決《けっ》して人にしゃべらないようす。

●口が軽《かる》い
言ってはならないことや、言わなくていいことを、すぐに人にしゃべってしまうようす。

●口がすっぱくなる／口をすっぱくする

口《くち》がくたびれるまで、何度《なんど》も同《おな》じことを言《い》う。

●口がすべる／口をすべらす
よけいなことを、うっかりしゃべってしまう。

口が減《へ》らない（→98ページ）

●口から先《さき》に生《う》まれる
あきれるほどよくしゃべる人《ひと》のたとえ。

●口が悪《わる》い
いやみを言ったりけなしたり、相手《あいて》のいやがることをずけずけ言ったりするようす。

●口に合《あ》う
食《た》べ物《もの》や飲み物の味《あじ》が、その人の好《この》みにぴったり合《あ》う。

●口をきく
①しゃべる。②二人《ふたり》がうまくいくように、間《あいだ》に立《た》って話《はなし》をする。

●口をそろえる
多《おお》くの人がいっしょに同じことを言う。

●口を出《だ》す
人がしている話や、人がしていることなど、自分《じぶん》と関係《かんけい》ないことにわざわざ入《はい》って、あれこれ言う。

●口をとがらせる
不満《ふまん》があって、文句《もんく》を言いたそうな顔《かお》をするようす。

●口をはさむ
人が話《はな》しているときに、割《わ》りこんで何《なに》かを言う。

歯《は》

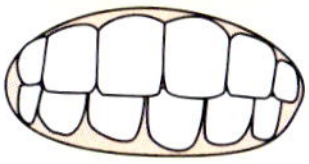

歯が浮《う》く（→208ページ）

●歯が立《た》たない
①かたくてかめない。②相手の力《ちから》がちがいすぎてまったくかなわないことのたとえ。

歯に衣《きぬ》を着《き》せない（→216ページ）

●歯のぬけたよう
ところどころ間《あいだ》があいたり、ぬけていたりして、まばらなようす。

●歯の根《ね》が合わない
寒《さむ》さやおそろしさで、ぶるぶるふるえるようす。

●歯を食《く》いしばる
くやしさやつらい気持《きも》ちをぐっとこらえて、がまんをするようす。

舌《した》

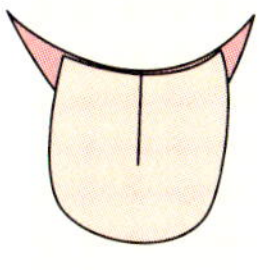

●舌が肥《こ》える
おいしいものをたくさん食べているので、おいしいものとおいしくないものがわかるたとえ。

●舌が回《まわ》る
ぺらぺらと、よくしゃべる。

●舌先三寸《したさきさんずん》
うわべだけの上手《じょうず》なことばで、心《こころ》のこもっていないこと。

●舌足《た》らず
①舌がうまく動《うご》かず、はっきり話せないこと。②ことばや文章《ぶんしょう》が足りず、言いたいことがはっきり相手に伝《つた》わらないこと。

●舌《した》つづみをうつ／舌づつみをうつ
食《た》べ物《もの》を味《あじ》わいながら、喜《よろこ》んで食べるようす。

●舌の根《ね》もかわかぬうち
言《い》い終《お》わったすぐ後《あと》に。何《なに》かを言ってすぐ後に、言ったこととちがう行《おこな》いをすること。

舌をまく
（→125ページ）

あご

●あごが外《はず》れる
たいへんおかしくて、口《くち》を大《おお》きく開《あ》け大笑《わら》いするたとえ。

●あごで使《つか》う
えらそうに、人《ひと》を自分《じぶん》の思《おも》うままにこき使《つか》う。

●あごを出《だ》す
くたくたになるまでつかれきって、どうにもならないようす。

のど

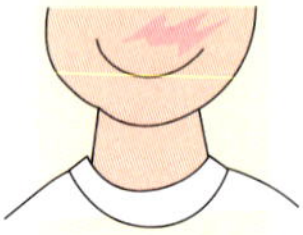

●のどが鳴《な》る
おいしそうなものを見《み》て、思わず飲《の》んだり食べたりしたくなる。

●のどから手《て》が出《で》る
欲《ほ》しくてしかたがないことのたとえ。

のど元《もと》過《す》ぎれば熱《あつ》さを忘《わす》れる
（→206ページ）

首《くび》

●首をかしげる
おかしいなあと、首をかたむけて考《かんが》える。

●首を切《き》る／首にする
やとっている人をやめさせる。

●首をつっこむ
興味《きょうみ》を持《も》って自分からそのことに関係《かんけい》する。

●首を長《なが》くする
期待《きたい》しながら、ずっと待《ま》っているようす。待ちこがれる。

●首をひねる
わからないことや、疑《うたが》わしいことがあって、考えこむ。

肩《かた》

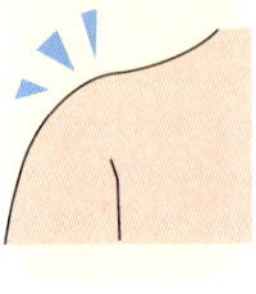

●肩すかしを食《く》う
いきごんで取《と》り組《く》もうとした気持《きも》ちが、うまくかわされてひょうしぬけする。

●肩の荷《に》が下《お》りる
責任《せきにん》の重《おも》いことから解放《かいほう》されたり、ずっと気《き》になっていたことがなくなってほっとしたりする。

●肩をいからす
肩に力《ちから》を入《い》れて高《たか》く持《も》ち上《あ》げ、いばった態度《たいど》をとる。

●肩を入れる／肩入れする
気《き》に入った相手《あいて》をおうえんしたり、助《たす》けたりする。

●**肩《かた》を落《お》とす**
がっかりして、しょんぼりする。

●**肩《かた》を並《なら》べる**
①横《よこ》に並ぶ。②同《おな》じくらいの実力《じつりょく》があるたとえ。

●**肩《かた》を持《も》つ**
どちらかの味方《みかた》につく。

胸《むね》

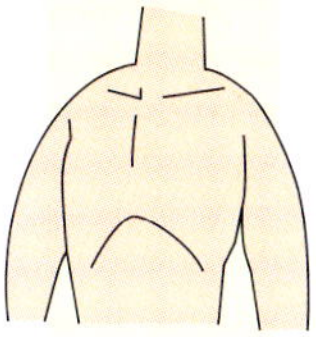

●**胸が痛《いた》む／胸を痛める**
悲《かな》しくて、つらい気持《きも》ちになる。

●**胸がいっぱいになる**
深《ふか》い悲しみや、あふれんばかりの喜《よろこ》びで、心《こころ》が大《おお》きくゆさぶられるたとえ。

●**胸がさわぐ／胸さわぎがする**
よくないことが起《お》こりそうで、気持ちが落《お》ちつかないようす。

●**胸がすく**
痛快《つうかい》なものを見《み》たり聞《き》いたりして、今《いま》までもやもやしていた気持ちがすっきりする。

●**胸がつかえる**
①物《もの》を食べたときに苦《くる》しく感《かん》じる。②心配《しんぱい》ごとや悲しみで、胸が苦しくなる。

●**胸がつぶれる**
はげしくおどろいたり、悲しんだりするたとえ。

●**胸にせまる**
①感動《かんどう》や悲しみの気持ちがあふれ、胸がおさえつけられるように感じる。②とても気がかりなようす。ひどく心配するようす。

●**胸を打《う》つ**
人《ひと》の心をゆり動《うご》かして、感動させる。

●**胸をおどらせる／胸をはずませる**
喜びや期待《きたい》がいっぱいで、わくわくするようす。

胸を借《か》りる（→257ページ）

●**胸をときめかす**
喜びや期待などで、どきどきするようす。

●**胸をなでおろす**
気がかりなことがなくなって、ほっと安《あん》心《しん》する。

●**胸を張《は》る**
得意《とくい》になったり、自信《じしん》にあふれた態度《たいど》をとったりする。

胸をふくらませる（→257ページ）

へそ

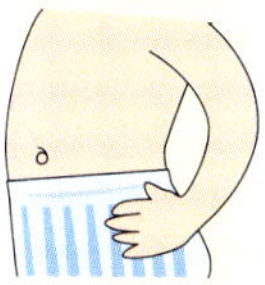

へそが茶《ちゃ》をわかす（→235ページ）

へそを曲《ま》げる（→235ページ）

腹《はら》

●**腹が黒《くろ》い**
心がねじけていて、悪《わる》い考《かんが》えを持《も》っているようす。

腹がすわる（→218ページ）

●**腹が立《た》つ**
しゃくにさわる。

●**腹《はら》が減《へ》っては戦《いくさ》ができぬ**

おなかがすいていたのでは、よい仕事《しごと》ができない。何《なに》をやるにも、まずは腹《はら》ごしらえが必要《ひつよう》だ。

腹の虫《むし》がおさまらない（→218ページ）
（→218ページ）

●腹をかかえる
あまりにおかしくて、大笑《おおわら》いしているようす。

●腹を決《き》める
きっぱりとかたく決心《けっしん》する。

●腹を割《わ》る
本当《ほんとう》の気持《きも》ちを、いっさいかくさず相手《あいて》に話《はな》す。

腕《うで》

●腕が上《あ》がる／腕を上げる
技量《ぎりょう》が向上《こうじょう》する。上手《じょうず》になる。

●腕が鳴《な》る
自分《じぶん》の実力《じつりょく》をはっきりしたくて、意気《いき》ごむたとえ。

●腕に覚《おぼ》えがある
自分の得意分野《とくいぶんや》で、腕前《うでまえ》に自信《じしん》がある。

●腕によりをかける
腕前をひろうしようと張《は》り切《き》る。

●腕をこまねく／腕をこまぬく
自分は、そばで見《み》ているだけで何もしないようす。

●腕をふるう
自分が持《も》っている力《ちから》を存分《ぞんぶん》に出《だ》しきる。

●腕をみがく
練習《れんしゅう》して、もっと力をつける。

手《て》

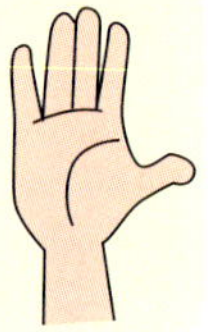

●手があく
やっていたことがひとくぎりついて、ひまになる。

●手がかかる
労力《ろうりょく》や時間《じかん》が多《おお》くかかる。

●手がこむ
細《こま》かいところまで、ていねいに仕上《しあ》げられているようす。

●手が足《た》りない
働《はたら》く人《ひと》がもっと必要なようす。

●手がつけられない
あまりにひどすぎて、どうすることもできないようす。

●手が出《で》ない
①自分の力ではどうすることもできない。②したいという気《き》が出ない。③値段《ねだん》が高《たか》すぎて買《か》えないたとえ。

●手が届《とど》く
①注意《ちゅうい》や世話《せわ》が細かく行《ゆ》き届く。②あと少《すこ》しでその年《ねん》れいになる。③自分の力でなんとかなる。

●手がはなせない
そのことにつきっきりになっていて、ほかのことがまったくできないようす。

●手に負《お》えない
自分の力だけではどうにもならない。

●手につかない
何かに心《こころ》をうばわれていて、落《お》ちついてものごとができない。

●手に取《と》るよう

目《め》の前《まえ》にあるかのように、明《あき》らかなことのたとえ。

●**手《て》を打《う》つ**
①先《さき》のことを予測《よそく》して、必要《ひつよう》なことをやっておく。②話《はな》し合《あ》いなどをまとめる。

●**手を貸《か》す**
手つだうこと。

●**手を加《くわ》える**
悪《わる》いところを直《なお》したり、足《た》りないところを補《おぎな》ったりする。

●**手を差《さ》しのべる**
助《たす》けを必要としている人《ひと》に、自分《じぶん》から進《すす》んで力《ちから》をかす。

●**手をぬく**
しなければならないことを省《はぶ》いて、いいかげんに仕事《しごと》などをする。

●**手を焼《や》く**
どうしたらいいかわからなくて、あつかいにこまるようす。

指《ゆび》

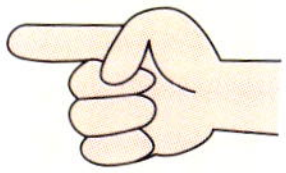

つめ

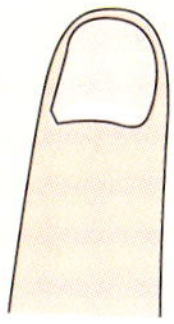

指をくわえる（→268ページ）

●**つめに火《ひ》をともす**
ひどくけちなことのたとえ。また、節約《せつやく》して、ひじょうに質素《しっそ》に暮《く》らすことのたとえ。

●**つめのあかほど**
ほんの少《すこ》ししかないこと。

つめのあかをせんじて飲《の》む（→161ページ）

●**つめをとぐ**
チャンスが来《く》るのを待《ま》って、準備《じゅんび》を十分《じゅうぶん》にする。

尻《しり》

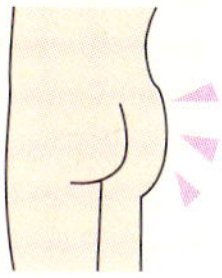

●**尻が重《おも》い**
めんどうくさがって、なかなか動《うご》こうとしないようす。

●**尻が軽《かる》い**
あまり考《かんが》えずにものごとをやってしまうようす。軽はずみなようす。

●**尻が長《なが》い**
人の家《いえ》を訪《たず》ねて、なかなか帰《かえ》らないたとえ。

●**尻に火《ひ》がつく**
期限《きげん》が間近《まぢか》にせまって、あわてるようす。

●**尻をぬぐう**
人がやった失敗《しっぱい》などを自分が引《ひ》きうけて、後始末《あとしまつ》をするたとえ。

すね

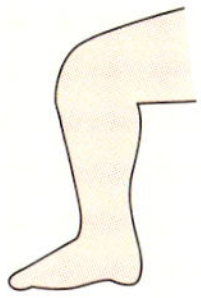

●**すねに傷持《きずも》つ**
人に知《し》られたくない、やましいことがある。

●**すねをかじる**
一人《ひとり》で生活《せいかつ》できないので、親《おや》の世話《せわ》になるたとえ。

足《あし》

揚《あ》げ足をとる (→12ページ)

足が地《ち》につかない (→15ページ)

●足がつく
犯人《はんにん》や犯罪《はんざい》の手《て》がかりがつかめる。また、犯人の足取《あしど》りがわかる。

●足が出《で》る
予定《よてい》していた金額《きんがく》よりはらうお金《かね》が多《おお》くなるたとえ。

●足がにぶる
行《い》きたくないので、歩《あゆ》みがゆっくりになる。また、行こうとする気《き》がうすれる。

●足が棒《ぼう》になる
長《なが》い時間《じかん》歩《ある》き続《つづ》けたり、立《た》ち続けたりして、足がたいへんつかれるたとえ。

●足にまかせる
①行き先《さき》を前《まえ》もって決《き》めずに、気の向《む》くまま歩く。②足の力《ちから》が続くかぎり歩く。

●足をうばわれる
バスや電車《でんしゃ》などの交通機関《こうつうきかん》が止《と》まって、移動《いどう》できなくなるたとえ。

●足をのばす
目的地《もくてきち》よりももっと遠《とお》いところまで行く。

●足を運《はこ》ぶ
わざわざ出《で》かける。

●足を引《ひ》っぱる
みんなで何《なに》かをするときや、人《ひと》がやりとげようとしていることに対《たい》して、じゃまをする。

動《どう》物《ぶつ》の名前《なまえ》がつくことわざや慣用句《かんようく》

けもの

生《い》き馬《うま》の目《め》をぬく (→29ページ)

馬が合《あ》う (→53ページ)

●馬の耳《みみ》に念仏《ねんぶつ》
何回注意《なんかいちゅうい》してもきき目がなく、知《し》らん顔《かお》をしていることのたとえ。

●尻馬《しりうま》に乗る
よく考《かんが》えずに人について行ったり、みんなといっしょに行動《こうどう》したりするたとえ。

●犬《いぬ》が西《にし》向《む》きゃ尾《お》は東《ひがし》
あたりまえのことのたとえ。

●犬の遠《とお》ぼえ
おくびょうな人が、かげでいばったり、相手《あいて》がいないところで強気《つよき》になったりすることのたとえ。

犬も歩けば棒《ぼう》に当《あ》たる (→46ページ)

犬猿《けんえん》の仲《なか》 (→104ページ)

猿《さる》も木《き》から落《お》ちる (→118ページ)

●同《おな》じ穴《あな》のむじな
見《み》た目は関係《かんけい》なさそうだが、実《じつ》は同じ仲《なか》間《ま》であることのたとえ。

●たぬき寝入《ねい》り
つごうの悪《わる》いときに、ねたふりをしてごまかすことのたとえ。

捕《と》らぬたぬきの皮算用《かわざんよう》 (→178ページ)

きつねとたぬき (→89ページ)

●きつねにつままれる
きつねに化《ば》かされたように、わけがわからなくなるたとえ。
とらの威《い》を借《か》るきつね（→179ページ）
●とらの子《こ》
ずっと大切《たいせつ》にしまっておいたとっておきの物《もの》のたとえ。
●張《は》り子のとら
見《み》かけは強《つよ》そうでも、実際《じっさい》はそれほどでもないことのたとえ。
●前門《ぜんもん》のとら後門《こうもん》のおおかみ
ひとつの災難《さいなん》が去《さ》ったと思《おも》ったら、すぐに別《べつ》の災難になやまされることのたとえ。また、前《まえ》にも後《うし》ろにも危険《きけん》がせまっていて、身動《みうご》きが取《と》れないことのたとえ。
●窮鼠猫《きゅうそねこ》をかむ
弱《よわ》い者《もの》でも追《お》いつめられると、必死《ひっし》になって強《つよ》い者をたおすことがあるということのたとえ。
●ぬれねずみ
衣服《いふく》を着《き》たまま、びしょぬれになってしまうことのたとえ。

ふくろのねずみ（→233ページ）
●猫《ねこ》にかつおぶし
あやまちが起《お》こりやすい状態《じょうたい》のたとえ。
猫に小判《こばん》（→197ページ）
猫の手《て》も借《か》りたい（→198ページ）
●猫の額《ひたい》
ひじょうにせまい場所《ばしょ》のたとえ。
●猫の目《め》のように変《か》わる
ものごとが、ころころと変わるたとえ。
●猫ばばをきめこむ
拾《ひろ》った物などを、知《し》らん顔《かお》して自分《じぶん》の物にしてしまうたとえ。
●猫もしゃくしも
みんなが同《おな》じことをするようす。
●猫をかぶる
本性《ほんしょう》をかくして、おとなしいふりをするたとえ。
いたちごっこ（→37ページ）
●二兎《にと》を追《お》う者は一兎をも得《え》ず
よくばって一度《いちど》に二《ふた》つのことを求《もと》めても、両方《りょうほう》とも失敗《しっぱい》に終《お》わるだけだということのたとえ。

●豚《ぶた》に真珠《しんじゅ》
どんなに値打《ねう》ちのあるものを与《あた》えても、その価値《かち》のわからない人《ひと》には、何《なん》の意味《いみ》もないことのたとえ。

鳥《とり》

●足《あし》もとから鳥が立《た》つ
とつぜん思《おも》いがけないことが起《お》こったり、思い出《だ》したように何かを始《はじ》めたりするたとえ。
●一石二鳥《いっせきにちょう》
一つのことで同時に二つ以上のよいことを手に入れること。
立つ鳥あとをにごさず（→152ページ）
●飛《と》ぶ鳥を落《お》とす勢《いきお》い
空《そら》を飛んでいる鳥でさえ、地面《じめん》に落ちるくらい、いきおいがはげしいようす。
●今泣《いまな》いたからすがもう笑《わら》う
今泣いていたと思ったら、すぐにきげんが直《なお》って笑《わら》いだすようす。子《こ》どものきげんが変《か》わりやすいことをいう。

●**からすの行水《ぎょうずい》**
あっという間《ま》にふろをすませて出《で》てくること。ふろを使《つか》う時間《じかん》が、たいへん短《みじか》いことのたとえ。

つるの一声《ひとこえ》（→162ページ）

●**つるは千年《せんねん》かめは万年《まんねん》**
長生《ながい》きを祝《いわ》うことば。

●**はきだめにつる**
へいぼんな人《ひと》がたくさん集《あつ》まるところに、にあわないような際立《きわだ》ってすぐれた人がいることのたとえ。

雀《すずめ》の涙《なみだ》（→139ページ）

●**雀百《ひゃく》までおどり忘《わす》れず**
小《ちい》さいときにおぼえたことは、年《とし》をとっても忘れないものだというたとえ。

とんびがたかを産《う》む（→182ページ）

●**とんびに油《あぶら》あげをさらわれる**
大切《たいせつ》なものや、自分《じぶん》の手《て》に入《はい》るはずだったものが、とつぜん横取《よこど》りされるたとえ。

能《のう》あるたかはつめをかくす（→204ページ）

●**うの目《め》たかの目**
するどい目つきで、ものを探《さが》すようす。また、その目つき。

●**かもがねぎをしょって来《く》る**
うまい話《はなし》にさらにうまい話が重《かさ》なって、とてもつごうのよいたとえ。

●**きじも鳴《な》かずばうたれまい**
言《い》わなくてもいいよけいなことを言うと、自分で災難《さいなん》をまねくことがあるので、発言《はつげん》には気《き》をつけなければならないという教《おし》え。

●**はとが豆鉄砲《まめでっぽう》を食《く》ったよう**
とつぜんのできごとにびっくりして、きょとんとするようす。

魚《さかな》

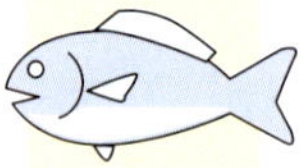

魚心《うおごころ》あれば水心《みずごころ》（→49ページ）

●**つり落《お》とした魚《さかな》は大《おお》きい**
手に入《い》れかけて、もう少《すこ》しのところでのがしてしまったものは、くやしさがふくらんでとりわけすぐれたもののように感《かん》じるたとえ。

水を得《え》た魚のよう（→249ページ）

いわしの頭《あたま》も信心《しんじん》から（→48ページ）

●**うなぎのねどこ**
はばがせまくて細長《ほそなが》く、奥行《おくゆ》きの深《ふか》い建《たて》物《もの》や土地《とち》のたとえ。

●**うなぎ登《のぼ》り**
ものごとがいきおいよくぐんぐんのびたり、上《あ》がったりするようす。

●**まな板《いた》の鯉《こい》**
自分ではどうすることもできず、相手《あいて》の思《おも》うがままの状態《じょうたい》のたとえ。

●**えびで鯛《たい》をつる**
わずかな努力《どりょく》で、大きな利益《りえき》を得るたとえ。つまらないもので、値打《ねう》ちのあるものを手に入れるたとえ。

●**くさっても鯛《たい》**
本当《ほんとう》にすぐれているものは、どんなに古《ふる》くなっても落《お》ちぶれても、それなりの値打ちは失《うしな》わないということのたとえ。

●**さばを読《よ》む**
自分《じぶん》につごうよく、上手《じょうず》に数《かず》をごまかす

たとえ。

柳《やなぎ》の下《した》のどじょう（→264ページ）

虫《むし》

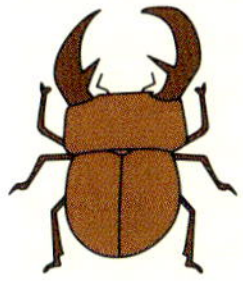

一寸《いっすん》の虫《むし》にも五分《ごぶ》の魂《たましい》（→44ページ）

●**小《しょう》の虫《むし》を殺《ころ》して大《だい》の虫《むし》を生《い》かす**
大《おお》きなことをなしとげるため、重要《じゅうよう》でない小《ちい》さなことをぎせいにするたとえ。

●**たで食《く》う虫《むし》も好《す》き好《ず》き**
人《ひと》の好《この》みはそれぞれちがうというたとえ。

●**苦虫《にがむし》をかみつぶしたよう**
ひどくきげんの悪《わる》い表情《ひょうじょう》のたとえ。

●**虫《むし》がいい**
ずうずうしくて、自分《じぶん》につごうのいいように考《かんが》えるたとえ。

虫《むし》が知《し》らせる（→256ページ）

●**虫《むし》が好《す》かない**
とくにきらう理由《りゆう》はないのに、どうしても好《す》きになれないたとえ。

●**虫《むし》の居所《いどころ》が悪《わる》い**
きげんが悪《わる》く、おこりっぽいようす。

●**虫《むし》も殺《ころ》さない**
やさしい気持《きも》ちを持《も》った、おとなしいようす。

●**頭《あたま》の上《うえ》のはえを追《お》え**
人のおせっかいより、まず自分のことをきちんとしなさい、という教《おし》え。

あぶはち取《と》らず（→21ページ）

ありの穴《あな》から堤《つつみ》もくずれる（→25ページ）

●**ありのはい出《で》るすきもない**
ありがはい出るすき間《ま》もないほど警戒《けいかい》がきびしく、にげられないことのたとえ。

くもの子《こ》を散《ち》らすよう（→99ページ）

●**尻切《しりき》れとんぼ**
とちゅうでとぎれて、最後《さいご》がないようす。

●**とうろうのおの**
力《ちから》のない者《もの》が自分の力も考えず、ひじょうに強《つよ》い者に立《た》ち向《む》かうことのたとえ。

はちの巣《す》をつついたよう（→212ページ）

●**ちょうよ花《はな》よ**
親《おや》が自分のむすめをひどくかわいがり、大事《だいじ》にするようす。

小動物《しょうどうぶつ》

井《い》の中《なか》の蛙大海《かわずたいかい》を知《し》らず（→47ページ）

かえるの面《つら》に水《みず》（→71ページ）

へびににらまれた蛙《かえる》（→238ページ）

●**蛇足《だそく》**
ないほうがよい、むだなもののたとえ。よけいなもののたとえ。

●**やぶをつついてへびを出《だ》す／やぶへび**
しなくてもいいよけいなことをして、災《わざわ》いをまねくたとえ。

●**かにの横《よこ》ばい**
はたから見《み》ると不自由《ふじゆう》そうに見えることも、その人にとっては、それがぴったり合《あ》ってつごうがよいことのたとえ。

●**かめの甲《こう》より年《とし》の功《こう》**
お年《とし》よりの豊《ゆた》かな経験《けいけん》で身《み》につけたものは、とうとく、大切《たいせつ》にしなければならないということ。

月《つき》とすっぽん（→159ページ）

さくいん

あ

開《あ》いた口《くち》がふさがらない …… 8
相《あい》づちを打《う》つ …… 9
阿吽《あうん》の呼吸《こきゅう》 …… 10
青菜《あおな》に塩《しお》 …… 11
悪事千里《あくじせんり》を走《はし》る …… 222
揚《あ》げ足《あし》をとる …… 12
あごが外《はず》れる …… 288
あごで使《つか》う …… 288
あごを出《だ》す …… 288
朝起《あさお》きは三文《さんもん》の徳《とく》 …… 13
朝飯前《あさめしまえ》 …… 14
足《あし》が地《ち》につかない …… 15
足《あし》がつく …… 292
足《あし》が出《で》る …… 292
足《あし》がにぶる …… 292
足《あし》が棒《ぼう》になる …… 292
明日《あした》は明日《あした》の風《かぜ》がふく …… 16
味《あじ》なまね …… 17
足《あし》にまかせる …… 292
味《あじ》も素《そ》っ気《け》もない …… 17
足《あし》もとから鳥《とり》が立《た》つ …… 293
足元《あしもと》にもおよばない …… 15
足《あし》をうばわれる …… 292
味《あじ》をしめる …… 17
足《あし》をのばす …… 292
足《あし》を運《はこ》ぶ …… 292
足《あし》を引《ひ》っぱる …… 292
明日《あす》の百《ひゃく》より今日《きょう》の五十《ごじゅう》 …… 16
明日《あす》は我《わ》が身《み》 …… 16
頭《あたま》が上《あ》がらない …… 284
頭《あたま》が痛《いた》い …… 284
頭《あたま》がかたい …… 284
頭《あたま》かくしてしりかくさず …… 18
頭《あたま》が下《さ》がる …… 284
頭《あたま》の上《うえ》のはえを追《お》え …… 18、190
頭《あたま》の黒《くろ》いねずみ …… 233
頭《あたま》をかかえる …… 284
当《あ》たるも八卦《はっけ》当《あ》たらぬも八卦《はっけ》 …… 19
後《あと》は野《の》となれ山《やま》となれ …… 20
危《あぶ》ない橋《はし》をわたる …… 32
あぶはち取《と》らず …… 21
油《あぶら》を売《う》る …… 22
油《あぶら》をしぼる …… 22
雨《あま》だれ石《いし》をうがつ …… 158
雨《あめ》が降《ふ》ろうがやりが降《ふ》ろうが …… 23
雨降《あめふ》って地固《じかた》まる …… 23
嵐《あらし》の前《まえ》の静《しず》けさ …… 24
ありの穴《あな》から堤《つつみ》もくずれる …… 25
ありのはい出《で》るすきまもない …… 295
案《あん》ずるより産《う》むがやすい …… 26
暗中模索《あんちゅうもさく》 …… 27

い

言《い》うはやすく行《おこな》うは難《かた》し …… 28
いかんともしがたい …… 221
生《い》き馬《うま》の目《め》をくじる …… 29
生《い》き馬《うま》の目《め》をぬく …… 29
息《いき》が合《あ》う …… 30
息《いき》をこらす …… 30
息《いき》をころす …… 74
息《いき》をつめる …… 74
息《いき》をのむ …… 74
息《いき》をふき返《かえ》す …… 30
石《いし》の上《うえ》にも三年《さんねん》 …… 31
石橋《いしばし》をたたいてわたる …… 32
医者《いしゃ》の不養生《ふようじょう》 …… 33
以心伝心《いしんでんしん》 …… 34
いずれが菖蒲杜若《あやめかきつばた》 …… 35
急《いそ》がば回《まわ》れ …… 36
痛《いた》くもかゆくもない …… 80
いたちごっこ …… 37
いたちの最後《さいご》っ屁《ぺ》 …… 37
板《いた》につく …… 38
板《いた》ばさみになる …… 38
一《いち》か八《ばち》か …… 39
一《いち》から十《じゅう》まで …… 39
一事《いちじ》が万事《ばんじ》 …… 40
一難《いちなん》去《さ》ってまた一難《いちなん》 …… 41
一姫二太郎《いちひめにたろう》 …… 42
一目置《いちもくお》く …… 43
一《いち》も二《に》もなく …… 39
一《いち》を聞《き》いて十《じゅう》を知《し》る …… 39
一寸《いっすん》の虫《むし》にも五分《ごぶ》の魂《たましい》 …… 44
一世一代《いっせいちだい》 …… 45
一石二鳥《いっせきにちょう》 …… 293
一朝一夕《いっちょういっせき》 …… 45
一長一短《いっちょういったん》 …… 45
一頭地《いっとうち》をぬく …… 168
犬《いぬ》が西《にし》向《む》きゃ尾《お》は東《ひがし》 …… 292
犬《いぬ》の遠《とお》ぼえ …… 292
犬《いぬ》も歩《ある》けば棒《ぼう》に当《あ》たる …… 46
井《い》の中《なか》の蛙大海《かわずたいかい》を知《し》らず …… 47

※太字《ふとじ》は本文《ほんぶん》でそのことばを大きくとりあげてしょうかいしているページです。

今泣《いまな》いたからすがもう笑《わら》う……293
いわしの頭《あたま》も信心《しんじん》から……48

う

魚心《うおごころ》あれば水心《みずごころ》……49
後《うし》ろ髪《がみ》を引《ひ》かれる……50
後《うし》ろ指《ゆび》をさされる……50
後《うし》ろを見《み》せる……50
牛《うし》を馬《うま》に乗《の》りかえる……53
うそから出《で》たまこと……51
うそも方便《ほうべん》……51
うつつをぬかす……52
腕《うで》が上《あ》がる……290
腕《うで》が鳴《な》る……290
腕《うで》に覚《おぼ》えがある……290
腕《うで》によりをかける……290
腕《うで》を上《あ》げる……290
腕《うで》をこまぬく……290
腕《うで》をこまねく……290
腕《うで》をふるう……290
腕《うで》をみがく……290
うなぎのねどこ……294
うなぎ登《のぼ》り……294
うの目《め》たかの目《め》……294
馬《うま》が合《あ》う……53
馬《うま》の耳《みみ》に念仏《ねんぶつ》……29、292
うわさをすれば影《かげ》がさす……54
雲泥《うんでい》の差《さ》……55
運《うん》を天《てん》にまかせる……56

え

江戸《えど》の敵《かたき》を長崎《ながさき》で討《う》つ……57
絵《え》にかいたもち……58
えびで鯛《たい》をつる……294
遠水近火《えんすいきんか》……173
縁《えん》の下《した》の力持《ちからも》ち……59

お

王手《おうて》をかける……60
大《おお》ぶろしきを広《ひろ》げる……61
おごる平家《へいけ》は久《ひさ》しからず……62
お茶《ちゃ》の子《こ》さいさい……14
お茶《ちゃ》をにごす……63
乙《おつ》にすます……106
同《おな》じ穴《あな》のむじな……292
鬼《おに》に金棒《かなぼう》……64
鬼《おに》の居《い》ぬ間《ま》にせんたく……271
鬼《おに》の目《め》にも涙《なみだ》……271
帯《おび》に短《みじか》したすきに長《なが》し……65
おぼれる者《もの》はわらをもつかむ……66
思《おも》い立《た》ったが吉日《きちじつ》……67
親《おや》の心子《こころこ》知《し》らず……68
折《お》り紙《がみ》つき……69
終《お》わりよければすべてよし……70
終《お》わりを告《つ》げる……70
終《お》わりを全《まっと》うする……70

か

かえるの面《つら》に水《みず》……71
顔《かお》が売《う》れる……284
顔《かお》がきく……72
顔《かお》が広《ひろ》い……72
顔《かお》から火《ひ》が出《で》る……284
顔《かお》にどろをぬる……284
顔《かお》をくもらせる……284
顔《かお》を立《た》てる……284
かさにかかる……73
肩入《かたい》れする……288
肩《かた》すかしを食《く》う……288
かたずをのむ……74
肩《かた》の荷《に》が下《お》りる……288
肩《かた》をいからす……288
肩《かた》を入《い》れる……288
肩《かた》を落《お》とす……289
肩《かた》を並《なら》べる……289
肩《かた》を持《も》つ……289
火中《かちゅう》の栗《くり》を拾《ひろ》う……75
隔靴掻痒《かっかそうよう》……80
勝《か》ってかぶとの緒《お》をしめよ……76
かにの横《よこ》ばい……295
かぶとをぬぐ……77
かべに耳《みみ》あり障子《しょうじ》に目《め》あり……78
果報《かほう》は寝《ね》て待《ま》て……79
かめの甲《こう》より年《とし》の功《こう》……295
かもがねぎをしょって来《く》る……294
かゆいところに手《て》が届《とど》く……80
からすの行水《ぎょうずい》……294
枯《か》れ木《き》も山《やま》のにぎわい……81
可愛《かわい》い子《こ》には旅《たび》をさせよ……82
間然《かんぜん》する所《ところ》がない……227
肝胆相照《かんたんあいて》らす……83
肝胆《かんたん》をくだく……83
堪忍袋《かんにんぶくろ》の緒《お》が切《き》れる……84
完膚《かんぷ》なきまでに……95
願《がん》をかける……196

き

気《き》が置《お》けない …… 85
危機一髪《ききいっぱつ》 …… 86
聞《き》くは一時《いっとき》の恥《はじ》、聞《き》かぬは一生《いっしょう》の恥《はじ》 …… 87
きじも鳴《な》かずばうたれまい …… 294
帰心矢《きしんや》のごとし …… 88
きつねとたぬき …… 89
きつねとたぬきの化《ば》かし合《あ》い …… 89
きつねにつままれる …… 293
肝《きも》が据《す》わっている …… 90
肝《きも》が小《ちい》さい …… 90
肝《きも》が太《ふと》い …… 90
九死《きゅうし》に一生《いっしょう》を得《え》る …… 91
窮《きゅう》すれば通《つう》ず …… 220
窮鼠猫《きゅうそねこ》をかむ …… 293
漁夫《ぎょふ》の利《り》 …… 92
木《き》を見《み》て森《もり》を見《み》ず …… 93

く

苦《く》あれば楽《らく》あり楽《らく》あれば苦《く》あり …… 94
食《く》うか食《く》われるか …… 101
ぐうの音《ね》も出《で》ない …… 95
食《く》えない（やつ） …… 101
釘《くぎ》をさす …… 96
くさい物《もの》にふたをする …… 97
くさっても鯛《たい》 …… 294
口裏《くちうら》を合《あ》わせる …… 8
口《くち》がうまい …… 286
口《くち》が重《おも》い …… 286
口《くち》がかたい …… 286
口《くち》が軽《かる》い …… 286
口《くち》がすっぱくなる …… 286
口《くち》がすべる …… 287
口《くち》が減《へ》らない …… 98
口《くち》から先《さき》に生《う》まれる …… 287
口《くち》が悪《わる》い …… 287
口車《くちぐるま》に乗《の》せられる …… 98
口《くち》では大阪《おおさか》の城《しろ》も建《た》つ …… 28
口《くち》に合《あ》う …… 287
口《くち》をきく …… 287
口《くち》をすっぱくする …… 286
口《くち》をすべらす …… 287
口《くち》をそろえる …… 287
口《くち》を出《だ》す …… 287
口《くち》をとがらせる …… 287
口《くち》をはさむ …… 287
首《くび》にする …… 288
首《くび》をかしげる …… 288
首《くび》を切《き》る …… 288
首《くび》をつっこむ …… 288
首《くび》を長《なが》くする …… 288
首《くび》をひねる …… 288
首《くび》を横《よこ》にふる …… 269
くもの子《こ》を散《ち》らすよう …… 99
雲《くも》をかすみと …… 100
雲《くも》をつかむよう …… 100
雲《くも》をつく …… 100
食《く》わずぎらい …… 101

け

芸《げい》は身《み》を助《たす》ける …… 102
けがの功名《こうみょう》 …… 103
犬猿《けんえん》の仲《なか》 …… 104

こ

紅一点《こういってん》 …… 105
光陰矢《こういんや》のごとし …… 88
甲乙《こうおつ》をつけがたい …… 106
紅顔《こうがん》の美少年《びしょうねん》 …… 105
好事魔多《こうじまおお》し …… 242
功成《こうな》り名《な》をとげる …… 103
郷《ごう》に入《い》っては郷《ごう》に従《したが》え …… 107
虎口《ここう》を脱《だっ》する …… 169
虎口《ここう》を逃《のが》れて竜穴《りゅうけつ》に入《い》る …… 41
心《こころ》がはずむ …… 108
心《こころ》にとめる …… 108
心《こころ》もとない …… 108
心《こころ》をうばわれる …… 108
腰《こし》がある …… 109
腰《こし》がぬける …… 109
腰《こし》が低《ひく》い …… 109
腰《こし》ぎんちゃく …… 109
五十歩百歩《ごじっぽひゃっぽ》 …… 110
五里霧中《ごりむちゅう》 …… 27、111
転《ころ》ばぬ先《さき》の杖《つえ》 …… 112
転《ころ》んでもただでは起《お》きない …… 113

さ

塞翁《さいおう》が馬《うま》 …… 114
さいは投《な》げられた …… 115
先《さき》んずれば人《ひと》を制《せい》す …… 116
さじを投《な》げる …… 117
さばを読《よ》む …… 294
猿《さる》も木《き》から落《お》ちる …… 118
さわらぬ神《かみ》にたたりなし …… 119

棚《たな》に上《あ》げる …… 154
たぬき寝入《ねい》り …… 292
旅《たび》の恥《はじ》はかきすて …… 20
玉《たま》にきず …… 155
玉《たま》みがかざれば光《ひかり》なし …… 155

ち

血《ち》が通《かよ》う …… 156
血《ち》の気《け》が多《おお》い …… 156
血《ち》のにじむよう …… 156
血道《ちみち》を上《あ》げる …… 52
忠言耳《ちゅうげんみみ》に逆《さか》らう …… 274
朝三暮四《ちょうさんぼし》 …… 157
ちょうちんにつりがね …… 55
ちょうよ花《はな》よ …… 295
朝令暮改《ちょうれいぼかい》 …… 157
ちりも積《つ》もれば山《やま》となる …… 158

つ

月とすっぽん …… 159
つじつまを合《あ》わせる …… 160
つめに火《ひ》をともす …… 291
つめのあかほど …… 291
つめのあかをせんじて飲《の》む …… 161
つめをとぐ …… 291
つり落《お》とした魚《さかな》は大《おお》きい …… 294
つるの一声《ひとこえ》 …… 162
つるは千年《せんねん》かめは万年《まんねん》 …… 162、294

て

手《て》があく …… 290
手《て》がかかる …… 290
手《て》がこむ …… 290
手《て》が足《た》りない …… 164、290
手《て》がつけられない …… 164、290
手《て》が出《で》ない …… 290
手《て》が届《とど》く …… 290
手《て》がはなせない …… 290
手塩《てしお》にかける …… 163
手《て》に負《お》えない …… 290
手《て》につかない …… 290
手《て》に取《と》るよう …… 290
手前《てまえ》みそ …… 164
手《て》も足《あし》も出《で》ない …… 164
出物《でもの》はれ物《もの》ところきらわず …… 165
手《て》を打《う》つ …… 291
手《て》を貸《か》す …… 291
手《て》を加《くわ》える …… 291
手《て》を差《さ》しのべる …… 291
手《て》をぬく …… 291
手《て》を焼《や》く …… 291
天災《てんさい》は忘《わす》れたころにやってくる …… 166
天《てん》は自《みずか》ら助《たす》くる者《もの》を助《たす》く …… 136
天《てん》びんにかける …… 167

と

戸板《といた》に豆《まめ》 …… 153
頭角《とうかく》を現《あらわ》す …… 168
とうげを越《こ》す …… 169
灯台《とうだい》もと暗《くら》し …… 170
豆腐《とうふ》にかすがい …… 171
東奔西走《とうほんせいそう》 …… 172
とうろうのおの …… 295
遠《とお》くの親類《しんるい》より近《ちか》くの他人《たにん》 …… 173
時《とき》は金《かね》なり …… 174
時《とき》をうしなう …… 174
時《とき》をかせぐ …… 174
所変《ところか》われば品変《しなか》わる …… 175
所変《ところか》われば水変《みずか》わる …… 175
隣《となり》の花《はな》は赤《あか》い …… 176
飛《と》ぶ鳥《とり》を落《お》とす勢《いきお》い …… 293
途方《とほう》に暮《く》れる …… 177
途方《とほう》もない …… 177
捕《と》らぬたぬきの皮算用《かわざんよう》 …… 178
とらの威《い》を借《か》るきつね …… 179
とらの子《こ》 …… 293
取《と》り付《つ》く島《しま》もない …… 180
飛《と》んで火《ひ》に入《い》る夏《なつ》の虫《むし》 …… 181
とんびがたかを産《う》む …… 182
とんびに油揚《あぶらあ》げをさらわれる …… 182、294

な

ない袖《そで》は振《ふ》れない …… 183
泣《な》き面《つら》にはち …… 184
泣《な》きを入《い》れる …… 184
泣《な》きを見《み》る …… 184
泣《な》く門口《かどぐち》はうれいをもよおす …… 278
鳴《な》くまで待《ま》とうほととぎす …… 185
情《なさ》けは人《ひと》のためならず …… 186
七転《ななころ》び八起《やお》き …… 187
難波《なにわ》の葦《あし》は伊勢《いせ》の浜荻《はまおぎ》 …… 175
涙《なみだ》にくれる …… 188
涙《なみだ》にまよう …… 188
涙《なみだ》をのむ …… 188
涙《なみだ》をふるって …… 188
なめくじに塩《しお》 …… 11

習《なら》うは一生《いっしょう》 …… 189
習《なら》うより慣《な》れよ …… 189
習《なら》わぬ経《きょう》は読《よ》めぬ …… 189
成金《なりきん》 …… 60
南船北馬《なんせんほくば》 …… 172

に

二階《にかい》から目薬《めぐすり》 …… 190
逃《に》がした魚《さかな》は大《おお》きい …… 191
苦虫《にがむし》をかみつぶしたよう …… 295
逃《に》げるが勝《か》ち …… 191
二足《にそく》のわらじをはく …… 192
煮《に》ても焼《や》いても食《く》えない …… 221
二度《にど》あることは三度《さんど》ある …… 193
二兎《にと》を追《お》うものは一兎《いっと》をも得《え》ず …… 21、293

ぬ

盗人《ぬすびと》を見《み》て縄《なわ》をなう …… 194
ぬれ手《て》であわ …… 195
ぬれねずみ …… 293

ね

願《ねが》うところの幸《さいわ》い …… 196
願《ねが》ったりかなったり …… 196
願《ねが》ってもない …… 196
猫《ねこ》にかつおぶし …… 293
猫《ねこ》に小判《こばん》 …… 197
猫《ねこ》の手《て》も借《か》りたい …… 198
猫《ねこ》の額《ひたい》 …… 293
猫《ねこ》の目《め》のように変《か》わる …… 198、293
猫《ねこ》ばばをきめこむ …… 293
猫《ねこ》もしゃくしも …… 293
猫《ねこ》をかぶる …… 293
寝《ね》た子《こ》を起《お》こす …… 199
根《ね》にもつ …… 201
根《ね》ほり葉《は》ほり …… 201
寝耳《ねみみ》に水《みず》 …… 200
根《ね》も葉《は》もない …… 201
年貢《ねんぐ》の納《おさ》め時《どき》 …… 202
念《ねん》には念《ねん》を入《い》れる …… 203
念《ねん》を押《お》す …… 203

の

能《のう》あるたかはつめをかくす …… 204
のう中《ちゅう》の錐《きり》 …… 168
残《のこ》り物《もの》には福《ふく》がある …… 205
残《のこ》り物《もの》も数《かず》の内《うち》 …… 205
のどが鳴《な》る …… 288
のどから手《て》が出《で》る …… 288
のど元《もと》過《す》ぎれば熱《あつ》さを忘《わす》れる …… 206
乗《の》りかかった船《ふね》 …… 207

は

歯《は》が浮《う》く …… 208
歯《は》が立《た》たない …… 287
はきだめにつる …… 294
はしにも棒《ぼう》にもかからない …… 209
恥《はじ》の上塗《うわぬ》り …… 210
恥《はじ》も外聞《がいぶん》もない …… 210
破竹《はちく》の勢《いきお》い …… 211
はちのあたま …… 212
はちの巣《す》をつついたよう …… 212
はとが豆鉄砲《まめでっぽう》を食《く》ったよう …… 294
鼻息《はないき》があらい …… 286
鼻《はな》が高《たか》い …… 213
鼻《はな》つまみ …… 286
鼻《はな》であしらう …… 213
花《はな》に嵐《あらし》 …… 24
鼻《はな》にかける …… 286
鼻《はな》につく …… 286
花道《はなみち》をかざる …… 215
花《はな》もはじらう …… 215
花《はな》も実《み》もある …… 215
花《はな》より団子《だんご》 …… 214
鼻《はな》を明《あ》かす …… 286
鼻《はな》をつく …… 286
花《はな》を持《も》たせる …… 215
歯《は》に衣《きぬ》を着《き》せない …… 216
歯《は》のぬけたよう …… 216、287
歯《は》の根《ね》が合《あ》わない …… 287
はばを利《き》かせる …… 217
早起《はやお》きは三両《さんりょう》、倹約《けんやく》五両《ごりょう》 …… 13
腹《はら》が黒《くろ》い …… 289
腹《はら》がすわる …… 218
腹《はら》が立《た》つ …… 289
腹《はら》が減《へ》っては戦《いくさ》ができぬ …… 289
腹《はら》の虫《むし》がおさまらない …… 218
腹《はら》をかかえる …… 290
腹《はら》を決《き》める …… 290
腹《はら》を割《わ》る …… 290
張《は》り子《こ》のとら …… 293
針《はり》の落《お》ちる音《おと》が聞《き》こえるよう …… 219
針《はり》のむしろ …… 219
歯《は》を食《く》いしばる …… 287

ひ

必要《ひつよう》は発明《はつめい》の母《はは》 …… 220
人《ひと》こそ人《ひと》の鏡《かがみ》 …… 223
一筋縄《ひとすじなわ》ではいかない …… 221
人《ひと》のうわさも七十五日《しちじゅうごにち》 …… 226
人《ひと》の口《くち》に戸《と》は立《た》てられぬ …… 222
人《ひと》のふり見《み》てわがふり直《なお》せ …… 223
人《ひと》のふんどしで相撲《すもう》をとる …… 224
一肌《ひとはだ》ぬぐ …… 225
人《ひと》は見《み》かけによらぬもの …… 226
人《ひと》を見《み》たらどろぼうと思《おも》え …… 226
非《ひ》の打《う》ち所《どころ》がない …… 227
火《ひ》のない所《ところ》に煙《けむり》は立《た》たぬ …… 228
火《ひ》は火元《ひもと》からさわぎだす …… 228
百聞《ひゃくぶん》は一見《いっけん》にしかず …… 229
百里《ひゃくり》を行《い》く者《もの》は九十里《くじゅうり》をなかばとす …… 229
氷山《ひょうざん》の一角《いっかく》 …… 230
非《ひ》を打《う》つ …… 227

ふ

風雲急《ふううんきゅう》を告《つ》げる …… 231
風雲《ふううん》の志《こころざし》 …… 231
覆水盆《ふくすいぼん》に返《かえ》らず …… 232
ふくろのねずみ …… 233
豚《ぶた》に真珠《しんじゅ》 …… 293
降《ふ》ってわいたよう …… 234
船《ふね》をこぐ …… 207
降《ふ》れば必《かなら》ず土砂降《どしゃぶ》り …… 234

へ

へそが茶《ちゃ》をわかす …… 235
へそくり …… 235
へそを曲《ま》げる …… 235
下手《へた》な鉄砲《てっぽう》も数《かず》うちゃ当《あ》たる …… 236
下手《へた》の考《かんが》え休《やす》むに似《に》たり …… 237
下手《へた》の横好《よこず》き …… 237
へびににらまれた蛙《かえる》 …… 238
へびの生殺《なまごろ》し …… 238

ほ

ほおをそめる …… 239
ほおをふくらます …… 239
ほっぺたが落《お》ちる …… 239
骨折《ほねお》り損《ぞん》のくたびれもうけ …… 240
本末転倒《ほんまつてんとう》 …… 241

ま

魔《ま》がさす …… 242
負《ま》け犬《いぬ》の遠《とお》ぼえ …… 243
負《ま》けるが勝《か》ち …… 243
待《ま》てば海路《かいろ》の日和《ひより》あり …… 79
的《まと》を射《い》る …… 244
まな板《いた》の鯉《こい》 …… 294
魔《ま》の手《て》 …… 242
まゆつばもの …… 245
まゆをひそめる …… 245、284

み

ミイラ取《と》りがミイラになる …… 246
身《み》から出《で》たさび …… 247
右《みぎ》から左《ひだり》 …… 248
右《みぎ》といえば左《ひだり》 …… 248
右《みぎ》に出《で》る者《もの》がない …… 248
水《みず》と油 …… 104
水《みず》を打《う》ったよう …… 249
水《みず》を得《え》た魚《うお》のよう …… 249
三《み》つ子《ご》の魂百《たましいひゃく》まで …… 250
身《み》の毛《け》がよだつ …… 251
身《み》の程知《ほどし》らず …… 251
耳《みみ》が痛《いた》い …… 285
耳《みみ》が早《はや》い …… 286
耳慣《みみな》れない …… 286
耳《みみ》にする …… 252、286
耳《みみ》にたこができる …… 252
耳《みみ》につく …… 286
耳《みみ》にはさむ …… 286
耳《みみ》を疑《うたが》う …… 286
耳《みみ》を貸《か》す …… 286
耳《みみ》をかたむける …… 286
耳《みみ》をすます …… 286
見《み》ると聞《き》くとは大《おお》ちがい …… 253
身《み》を粉《こ》にする …… 254
身《み》をもって …… 254

む

昔《むかし》とったきねづか …… 255
虫《むし》がいい …… 256、295
虫《むし》が知《し》らせる …… 256
虫《むし》がすかない …… 256、295
虫《むし》の居所《いどころ》が悪《わる》い …… 295
虫《むし》も殺《ころ》さない …… 295
胸《むな》さわぎがする …… 289
胸《むね》が痛《いた》む …… 289
胸《むね》がいっぱいになる …… 289
胸《むね》がさわぐ …… 289

胸《むね》がすく……289
胸《むね》がつかえる……289
胸《むね》がつぶれる……289
胸《むね》にせまる……289
胸《むね》を痛《いた》める……289
胸《むね》を打《う》つ……289
胸《むね》をおどらせる……289
胸《むね》を借《か》りる……257
胸《むね》をときめかす……289
胸《むね》をなでおろす……289
胸《むね》をはずませる……289
胸《むね》を張《は》る……289
胸《むね》をふくらませる……257
無病息災《むびょうそくさい》……266

め

目《め》がくらむ……284
目《め》が高《たか》い……284
目《め》が届《とど》く……285
目《め》が回《まわ》る……285
目《め》から鼻《はな》へぬける……258
目《め》くじらを立《た》てる……258
目《め》じゃない……258
目《め》にあまる……285
目《め》にうかぶ……285
目《め》に止《と》まる……285
目《め》には目《め》歯《は》には歯《は》……259
目《め》の色《いろ》を変《か》える……285
目《め》の敵《かたき》（にする）……259、285
目《め》の覚《さ》めるよう……285
目《め》の毒《どく》……285
目《め》の中《なか》に入《い》れても痛《いた》くない……285
目《め》は口《くち》ほどにものを言《い》う……259
目《め》も当《あ》てられない……285
目《め》もくれない……285
目《め》を疑《うたが》う……285
目《め》を皿《さら》のようにする……285
目《め》をつける……285
目《め》をつぶる……285
目《め》をぬすむ……285
目《め》をはなす……285
目《め》を光《ひか》らす……285
目《め》を丸《まる》くする……285
目《め》を見《み》はる……285

も

元《もと》の木阿弥《もくあみ》……260
元《もと》も子《こ》もない……261
門前《もんぜん》の小僧《こぞう》習《なら》わぬ経《きょう》を読《よ》む……262

や

焼《や》け石《いし》に水《みず》……263
柳《やなぎ》の下《した》のどじょう……193、264
やぶから棒《ぼう》……265
やぶへび……295
やぶをつついてへびを出《だ》す……295
病膏肓《やまいこうこう》に入《い》る……52
病《やまい》は気《き》から……266

ゆ

優柔不断《ゆうじゅうふだん》……267
指《ゆび》を折《お》る……268
指《ゆび》をくわえる……268
指《ゆび》をさす……268

よ

横板《よこいた》に雨《あま》だれ……153
横《よこ》のものを縦《たて》にもしない……269
弱《よわ》り目《め》にたたり目《め》……270

ら

来年《らいねん》のことを言《い》えば鬼《おに》が笑《わら》う……271

り

りゅう飲《いん》が下《さ》がる……272
竜頭蛇尾《りゅうとうだび》……273
良薬《りょうやく》は口《くち》に苦《にが》し……274

る

類《るい》は友《とも》を呼《よ》ぶ……275

ろ

ローマは一日《いちにち》にして成《な》らず……276

わ

渡《わた》りに船《ふね》……277
渡《わた》りをつける……277
笑《わら》う門《かど》には福来《ふくきた》る……278
わらじを脱《ぬ》ぐ……192
わらじをはく……192
我関《われかん》せず……279
我《われ》に返《かえ》る……279
我《われ》も我《われ》もと……279
我《われ》を忘《わす》れる……279

この本をつくった人

●監修
金田一春彦
●装丁
長谷川由美
●表紙・カバーイラスト
河本徹朗　いぢちひろゆき
●レイアウト・デザイン
㈱イーメディア
上坂智子
●編集協力
㈱イーメディア
●イラスト制作
㈱イーメディア
●まんが制作
足立明彦
●まんが制作協力
日本工学院専門学校　StudioCAL
飯島香織　大西沙織　花房奈都美
水城しんや　向山智里
●編集総括
市川俊男
●編集
鈴木かおり
●制作管理
池田良秀

参考文献

・故事ことわざ辞典（学習研究社／1988年）
・たのしく学ぶことわざ辞典（林　四郎 監修／ＮＨＫ出版／2000年）
・イラストことわざ辞典（学習研究社／2001年）
・実用ことわざ辞典（学習研究社／2002年）
・江戸のことわざ（丹野　顯 著／青春出版社／2004年）

小学生の まんがことわざ辞典

2004年11月９日　初版発行
2012年８月27日　初版第17刷 発行
発行人　土屋　徹
発行所　株式会社　学研教育出版
〒141-8413　東京都品川区西五反田2-11-8
発売元　株式会社　学研マーケティング
〒141-8415　東京都品川区西五反田2-11-8
印刷所　大日本印刷株式会社

この本に関する各種のお問い合わせは、次のところにご連絡ください。
●編集内容については、TEL03-6431-1602（編集部直通）
●在庫、不良品（落丁、乱丁）については、TEL03-6431-1199（販売部直通）
文書は、〒141-8510　東京都品川区西五反田2-11-8
学研お客様センター「小学生のまんがことわざ辞典」係
●この本以外の学研商品に関するお問い合わせは下記まで。
電話は、03-6431-1002（学研お客様センター）